Hasta La Victoria siempre!

che

Jean Cormier, journaliste, grand reporter au *Parisien*, a fait des dizaines de voyages en Amérique du Sud; en 1981, la rencontre avec Ernesto Guevara Lynch, le père du Che, est le début d'une aventure passionnée. En 1987, il réalise avec Pierre Richard un documentaire *Parlez-moi du Che*, qui lui permet de rencontrer les principaux témoins de l'épopée du Che. Une longue enquête qui continuera les années suivantes et formera la matière d'une importante biographie, *Che Guevara*, paru en 1995 aux Editions du Rocher.

Aux enfants
du troisième millénaire

Dépôt légal : janvier 1996
Numéro d'édition : 71143
ISBN : 2-07-053316-6
Imprimerie en Italie
par Editoriale Libraria

CHE GUEVARA
COMPAGNON DE LA RÉVOLUTION

Jean Cormier

avec la collaboration de Jacques Lapeyre

DÉCOUVERTES GALLIMARD
HISTOIRE

Enfant de la petite-bourgeoisie aisée – un père, Ernesto, constructeur civil, une mère, Célia, cultivée, imprégnée de littérature française –, Ernesto Guevara de la Serna est né le 14 juin 1928 à Rosario de la Fé, en Argentine. Ce petit-fils d'un chercheur d'or en Californie et descendant du vice-roi du Mexique est celui que l'Histoire retiendra comme «el Che».

CHAPITRE PREMIER
D'ERNESTITO AU CHE

A Buenos Aires, Ernesto Guevara, ici sur le balcon de l'appartement de ses parents en 1950, délaisse souvent ses camarades d'université, leur préférant la compagnie des Argentins des quartiers populaires.

A Alta Gracia, où ses parents (à gauche) sont venus s'installer, Ernesto grandit parmi ses petits camarades indiens, ses deux sœurs, Célia et Anna-Maria, et son frère Roberto. Mais souvent obligé de rester dans sa chambre, privé alors du «grand livre de la nature» ouvert à tous – sauf à lui l'asthmatique –, il passe de longues journées à lire, parfois jusqu'à l'épuisement.

Selon son envie du moment, parfois au hasard, il choisit ses livres dans la bibliothèque familiale : parmi les auteurs chers à sa mère, Voltaire, Chateaubriand, Rimbaud, Baudelaire, Apollinaire; dans les rayons réservés à son père, il découvre, entre autres, le *Martin Fierro* de José Hernandez, qu'il apprendra par cœur et dont il récitera des passages entiers à sa mule, lorsqu'il se retrouvera au cœur de la Sierra Maestra.

Vaincre l'asthme

Bien né et bien entouré, à deux ans le destin frappe pourtant celui que sa mère appelle Ernestito : l'enfant contracte une pneumonie parce qu'un matin de mai 1930 sa mère le baigne dans les eaux froides d'un rio. L'asthme qui se greffe sur cet épisode va constituer un terrible handicap qui conditionnera sa propre vie et celle de son entourage. Pendant quelques années, dans la recherche d'un climat salvateur, ses parents se font nomades avant de se fixer près de Cordoba, à Alta Gracia, au pied de la cordillère des Andes.

Vers l'âge de douze ans, Ernesto peut enfin profiter des joies du plein air, comme en témoigne cette photographie symbole où il donne l'envol à une palombe.

Mais l'asthme de l'enfant est particulièrement tenace. De crise en crise, Ernestito dépérit. «Alors, perdu pour perdu, il est décidé de le mettre en liberté et, tel un oiseau, à qui l'on ouvre la porte de sa cage, le Che en herbe, jusque-là confiné dans l'air de sa chambre, découvre l'extérieur, la nature», racontera plus tard sa sœur Anna-Maria. Comme pour conjurer le destin, le jeune garçon va pratiquer l'exercice physique intense, notamment la nage et le football.

Rapidement, le gamin malingre, jusqu'alors réfugié dans les livres, devient un garçon endurant, au physique solide, qui gambade dans la

nature et peut enfin partager les jeux des petits Indiens des environs. Et, déjà, à neuf ans, l'inégalité sociale le bouleverse et le hérisse. Les conditions de vie de ses compagnons de jeux sont plus que misérables. Les familles indiennes s'entassent à dix dans une seule pièce et les enfants glissent du papier journal sous leurs maigres hardes pour se prémunir du froid. Ernestito les fait souvent venir chez lui. Nous sommes en 1937. Ernesto père forme un Comité de soutien à la République espagnole. Ernestito, quant à lui, transforme la maison familiale en *casa del pueblo* («maison du peuple»).

Le sportif et l'intellectuel

A quatorze ans, il décide de jouer au rugby et demande à Alberto Granado, frère de son camarade de collège Tomas et son aîné de six ans, de lui en enseigner les rudiments. Une nouvelle qui catastrophe littéralement ses parents : non seulement

cet enfant obstiné décide de conjurer ses déficiences physiques en choisissant un sport violent, mais il faudra désormais l'accompagner aux matchs avec de la ventoline à portée de main en cas de crise d'asthme.

Outre le rugby et la natation, la pelote basque et l'athlétisme, Ernesto aime le tennis et le golf. Quand il ne fait pas de sport, il joue aux échecs, un exercice intellectuel qu'il prisera toute sa vie. A quinze ans, esprit sain dans un corps sain, il rétorque à l'ami Alberto tout juste sorti d'un séjour en prison après avoir participé à une manifestation d'étudiants : «Descendre dans la rue pour me faire tabasser… Moi, si on ne me donne pas un flingue, je ne marche pas…»

Sportif accompli, l'adolescent Ernesto n'en demeure pas moins ce qu'il a toujours été : un passionné de lecture. Ses intérêts vont de Freud à Kipling, de Baudelaire à Shakespeare et de Garcia Lorca à Sophocle. D'une sensibilité à fleur de peau, il écrit très jeune des poèmes et gardera toujours le goût de la poèsie, en même temps que celui de l'écriture. A dix-sept ans, il rédige un traité de philosophie inspiré de Voltaire. Vers la même époque, il entame un journal intime qui ne le quittera plus.

Peut-être pour se soigner, plus probablement pour soulager son prochain, Ernesto décide, au début de l'année 1947, de devenir médecin. Même

Buenos Aires est la capitale la plus riche et la plus européenne d'Amérique latine.

si l'université qu'il préfère est la rue ou les champs où travaillent les paysans, il monte à Buenos Aires poursuivre ses études. Bientôt, l'occasion lui est donnée de découvrir la pratique sur le terrain. Alberto Granado, frais diplômé de médecine, à qui le lie maintenant une réelle amitié, lui propose de le rejoindre pendant ses vacances à la léproserie où il travaille, à San Francisco del Chanar, dans la cordillère. L'été 1948, Ernesto bricole un moteur sur son vélo et part rejoindre son ami, à quelque huit cent cinquante kilomètres de la capitale. Un premier voyage qui sonne rétrospectivement comme un prélude.

Sur les chemins de la maturité

A vingt-trois ans, Ernesto s'embarque pour un projet plus ambitieux avec Alberto Granado : un voyage de sept mois et de près de dix mille kilomètres en Amérique latine. Au vrai, les deux amis se sont longuement interrogés sur leur destination. Ils ont d'abord pensé à la vieille Europe, dont la culture les fascine. Mais les grandes civilisations précolombiennes attirent aussi

Lorsque Juan Peron (à gauche, avec Evita Peron) accède au pouvoir en 1946, Ernesto Guevara a dix-huit ans. Ses parents sont loin d'être péronistes. Ernesto père se méfie de ce beau parleur dont il estime le «justicialisme» (un mélange de nationalisme et de populisme) insuffisant à aider le peuple argentin. Sans être marxistes, les Guevara sont imprégnés d'idées progressistes. Ainsi, Ernesto a tout loisir de s'exprimer au sein de cette famille où le mot liberté a un sens. Il écrit en 1955 : «La chute de Peron me touche beaucoup. Pas pour lui mais pour ce qu'il représentait aux yeux de toute l'Amérique. Avec lui, l'Argentine tenait, pour nous qui situions l'ennemi au nord, le rôle de paladin de nos pensées.»

La Poderosa II (ci-contre), une vieille Norton 500 cm^3, conduira Ernesto et Alberto Granado à travers tout le cône sud, dans un *Easy Rider* avant l'heure où la confrontation des souffrances des paysans et des mineurs (ci-dessous et à droite) allumera en eux, et tout particulièrement en Ernesto, la flamme de l'engagement politique.

Ernesto comme un aimant, comme la source et le fondement de sa propre culture.

Le 29 décembre 1951, les compères partent de Cordoba, au centre de l'Argentine, sur la Poderosa II (la «Vigoureuse»). Ce voyage à travers le cône sud-américain prend avec le recul une valeur symbolique : il a lieu exactement au moment où s'éteignent les révolutions dites traditionnelles – commencées en 1819 – et où sont sur le point de s'allumer celles initiées par Fidel Castro. Ernesto tient un journal qu'il publiera sous le titre *Notas de viaje*, dans lequel il consigne ses observations sur les Indiens, les paysans et les ouvriers opprimés.

Alors que la Poderosa II meurt d'épuisement, les deux compères poursuivent leurs divagations à bord de camions ou de trains bondés, mêlés aux Indiens, au plus près de la misère, de la résignation, de l'injustice. Premier pays visité, le Chili. Un Chili déconcertant, dont Ernesto notera un an plus tard dans son journal : «Plus d'une année après ces mots, il m'est impossible de formuler l'idée que je me fais actuellement du Chili.» Une étape qui fera pourtant date.

En ce mois de mars 1952, Alberto et Ernesto visitent les mines de cuivre de la Braden Company, à Chuquicama. Et là, devant ces vies brisées, c'est la révélation. Pour Ernesto, l'évidence s'impose : son avenir sera politique.

Plus les camions progressent vers le nord, plus il y monte de voyageurs de type européen.

Lorsqu'un déluge s'abat sur la plate-forme, on offre aux Blancs de se tasser dans la cabine pour y être à l'abri. Ernesto et Alberto commencent par refuser énergiquement, à la vue des femmes et des enfants indiens ruisselant sous la pluie. Mais ils doivent finir par accepter, car on les regarde bizarrement, personne ne comprenant leur refus. Cette évidence acceptée de la supériorité blanche les choque profondément.

Arrivés au Pérou, ils se rendent au Machu Picchu, argument premier de l'expédition,

dont ils entreprennent l'ascension le 3 avril 1952. Si l'Indien des Andes n'a cessé de se rebeller depuis la conquête espagnole, l'une des plus sérieuses révoltes fut le fait, en 1745, d'un disciple des Jésuites, José Santos Atahualpa, qui, pendant une quinzaine d'années, déjoua les pièges que lui tendaient les Espagnols. Trente ans plus tard, le métis José Gabriel Tupac Amaru Condorcanqui, qui se prétendait l'héritier des derniers empereurs incas, prenait à son tour la tête d'une révolte contre la légitimité ibère. Il mourut écartelé et restera pour les Indiens le symbole de la révolte contre les Blancs. D'un soulèvement à l'autre, le peuple indien, à qui Simon Bolivar octroiera en 1825 le statut de «citoyen», restera néanmoins un symbole vivant de l'oppression blanche et colonisatrice.

Chez les lépreux

En Amazonie, Ernesto et Alberto rallient sur un esquif la léproserie de San Pablo, au Pérou. Estimant le mal des Indiens non contagieux, ils leur font ôter leurs bandages. Ainsi, le corps à l'air libre, les lépreux peuvent-ils jouer au football avec ces visiteurs qu'ils prennent pour des êtres quasi surnaturels. Les deux médecins providentiels repartiront la mort dans l'âme, tristes de se séparer de leurs nouveaux amis. Ernesto raconte la *despedida* dans une lettre à ses parents : «Pour nous faire leurs adieux, les malades se sont regroupés en un orphéon. L'accordéoniste n'avait plus de doigts à la main droite, il les avait remplacés par des tiges de bambou liées au poignet. Le chanteur était aveugle et presque tous défigurés par la forme nerveuse que la maladie prend dans cette région. Tout cela à la lueur des falots et des lanternes.

Autant que la lecture et le sport, la médecine unit Ernesto (en haut, sa carte d'infirmier) et Alberto Granado. Une fois déjà, Ernesto était venu rejoindre son aîné dans une léproserie de l'ouest argentin (à droite). A celle de San Pablo, les deux amis s'attirent rapidement la confiance des malades, tant par l'aide médicale qu'ils leur apportent, que par le respect qu'ils leur témoignent. Les malades apprécient le regard franc et les paroles rassurantes d'Ernesto. Lorsqu'il quitte la léproserie à bord du *Mambo-Tango* (ci-dessus), il est devenu, en moins d'un mois, leur frère.

MINISTERIO DE SALUD PUBLICA DE LA NACION
MATRICULA PROFESIONAL DE ENFERMERO
Nº 13.424
Fecha 22 dic. 1950
Apellido y Nombre
GUEVARA
Ernesto
Clase 1928 Distr. 43
M. I. Nº 6.460.503
Céd. I. Nº 3.524.272
de Capital Fede
Válido únicamente para ejercer al servicio de ...
FIRMA DEL INTERESADO

Un spectacle de film d'horreur, qui restera pourtant comme l'un des plus beaux souvenirs de ma vie.»

A bord du *Mambo-Tango*, le radeau que les lépreux leur ont construit, Ernesto et Alberto poursuivent leur route fluviale. A Leticia, le port amazonien aux trois frontières – Pérou, Colombie et Brésil –, ils se feront entraîneurs-joueurs de football avant de s'envoler, au bout de deux semaines, à bord d'un avion de l'armée pour Bogota.

Devenu ministre de l'Industrie à Cuba, Ernesto saura prendre des nouvelles de Silvio, un malade auquel il avait sauvé la vie à la léproserie.

La capitale colombienne leur déplaît. Ernesto la juge «sombre, macabre ou presque». La pollution intense a violemment réveillé son asthme. En outre, les deux Argentins ont la sensation oppressante de vivre dans une ville conquise. Le gouvernement de Laureano Gomez y fait régner une véritable terreur. Une réunion d'étudiants éclaire les deux voyageurs sur un climat politique où la crainte de la répression décourage toute velléité d'opposition. Le pays est en pleine «*Violencia*», une révolution d'un type particulier qui a débuté le 9 avril 1948 par l'assassinat de Jorge Eliecer Gaïtán, un président populiste.

Sans preuve on a crié au complot communiste et une guerre civile s'ensuit depuis lors. Une «violence» qui a des causes directement politiques, mais qui se double aussi d'une guerre de résistance paysanne face aux producteurs de café.

Le 26 juillet 1952, le voyage de sept mois touche à sa fin avec la séparation des deux frères de route. L'aîné reste à Caracas où il deviendra chercheur et fondera un foyer tandis que son cadet, Ernesto, rentre à Buenos Aires achever ses études de médecine.

«¡Aquí va un soldado de America!»

De retour au pays, Ernesto Guevara obtient son diplôme de médecine en un temps record. Il a tenu à respecter la parole donnée à Celia, sa mère. Mais son voyage l'a frotté aux misères de ses contemporains et, en ce mois de mai 1953, il brûle de reprendre la route. Le 7 juillet, c'est avec un nouveau compagnon, Calica, qu'il s'apprête à embarquer dans le train Yacuiba Pocitos à destination du Pérou. Carlos Ferrer, dit Calica, est le fils du Dr Ferrer Moratel qui l'avait soigné à Alta Gracia. Celia les a accompagnés à la gare Belgrano. Alors que le train démarre, elle se met à courir le long du quai. La tête souriante d'Ernesto émerge de la fenêtre, Celia entend son fils lâcher ces mots dans le vent de l'histoire : *«¡Aqui va un soldado de America!»*

Ces pérégrinations n'ont pas le même sens pour Ernesto que son premier voyage. Etudier *in situ* les conditions politiques de l'exploitation ne lui suffit plus. C'est l'action qu'il lui faut. A Lima, les deux Argentins apprennent que le Guatemala devient une terre d'asile car le général Jacobo Arbenz défend les idées progressistes. Ernesto décide donc de remettre à plus tard les retrouvailles prévues avec Alberto Granado au Venezuela, où sévit une dictature menée par Marco Perez Jimenez, et de se rendre, par le chemin des écoliers, au Guatemala.

Premières rencontres cubaines

Après un parcours de quelques mois à travers la Bolivie et le Pérou, les deux amis se séparent. Calica retourne à Buenos Aires et Ernesto poursuit vers

Le 12 juin 1953, deux jours avant qu'il ne fête ses vingt-cinq ans, Ernesto Guevara de la Serna reçoit son diplôme de médecin, signé du Dr Bancarali. Quelques mois seulement ont suffi au jeune étudiant, doté d'une mémoire infaillible, pour obtenir ses dix certificats – parmi lesquels ceux de médecine légale, d'allergologie, d'hygiène, d'orthopédie, de tuberculose, d'infirmités infectieuses, et enfin celui de neurologie. Il a ainsi définitivement conquis l'estime du professeur Pisani, allergologue réputé en Argentine. Si à la succession de Pisani, Ernesto préfère un nouveau voyage (à droite) – pour faire bientôt le choix de la guérilla –, il ne cessera jamais d'utiliser ses connaissances médicales, opérant et soignant indifféremment ses hommes comme ses ennemis.

Miami
Nassau
Eleuthera (G B
LA HABANA
C U B A
Pinar del Río
Camagüey
I. de Pinos
Acklins
Is. Caicos
Guantánamo
Santiago de Cuba
STO DOMINGO
HAITI
PORT-AU PRINCE
REPUBLICA DOMINICANA
PUERTO RICO (USA)
SAN JUAN
JAMAICA
KINGSTON
Aguilla (G B)
Barbuda (G B)
Antigua (G B)
Guadalupe (Fr)
Martinica (Fr)
St Lucia (G B)
M A R C A R I B E
Mérida
Belice
Tela
TEGUCIGALPA
NICARAGUA
Matagalpa
MANAGUA
SAN JOSE
PANAMA
P A N A M A
Barranquilla
Cartagena
Sta Marta
Maracaibo
Barquisimeto
Trujillo
Mérida
Cúcuta
Montería
Cauca
Magdalena
Bucaramanga
Medellín
Manizales
BOGOTA
Meta
Palmira
Ibagué
Cali
C O L O M B I A
Popayán
Neiva
Tumaco
Pasto
Esmeraldas
QUITO
Latacunga
E C U A D O R
Guayaquil
Galapagos (Ecu)
Loja
Negritos
Piura
Sollana
Chiclayo
Trujillo
Chimbote

le nord, en Equateur, avec un nouveau compagnon argentin Eduardo Garcia dit el Gualo. En octobre, les deux amis passent du port équatorien de Guayaquil à Panama dans un bateau de la compagnie nord-américaine United Fruit. Enfin, ils rallient le Costa Rica. Le Costa Rica est alors le lieu de concentration des exilés latino-américains. Ernesto y rencontre des réfugiés cubains, opposants au régime de Batista. Rencontre à marquer d'une pierre blanche : Calixto Garcia, qui deviendra commandant de l'Armée rebelle, et Severino Rosell, future figure de la Révolution cubaine, viennent de participer à la première opération armée d'envergure contre le dictateur cubain, le 26 juillet dernier, à la caserne de la Moncada. Ernesto questionne inlassablement les Cubains sur leur chef, leur pays et sa situation politique. Il lie aussi connaissance avec le Dr Romulo Betancourt et Juan Bosch, les futurs présidents du Venezuela et de la république de Saint-Domingue. Toutes occasions de discussions passionnées. Occasion aussi de démontrer, fut-ce à lui-même, qu'il a l'envergure nécessaire pour se lancer dans l'action politique. Rencontres prémonitoires. Le futur Che devine que l'action ne va pas tarder à s'offrir à lui.

Profondément marqué par le récit des hommes de Castro, il écrit à sa tante Beatriz : «Pendant mon voyage dans les domaines de la United Fruit [il résume ainsi le système nord-américain], j'ai pu vérifier combien est terrible leur pouvoir. J'ai juré de ne jamais m'arrêter avant de voir ces poulpes capitalistes exterminés. Je me rends au Guatemala où je vais me perfectionner pour devenir un révolutionnaire authentique.»

A Ciudad Guatemala, «il existe un authentique climat de démocratie», écrit Ernesto à son arrivée.

A Guatemala Ciudad

Quand il atteint enfin Guatemala Ciudad fin 1953, Ernesto, momentanément en paix avec son asthme, respire à pleins poumons un air révolutionnaire qui lui convient pleinement. Il confie à sa mère dans une lettre : «Je sens enfin ici que des choses se préparent.» De fait, au Guatemala, une révolution est en train de fermenter, sous l'égide du président Jacobo Arbenz. Le Guatemala est depuis presque un demi-siècle sous la coupe des grandes compagnies fruitières nord-américaines (en particulier la United Fruit). Le colonel Arbenz a courageusement tenté une réforme agraire qui, si elle favorise les paysans guatemaltèques, lèse du même coup les intérêts capitalistes américains. La Maison Blanche n'est pas prête à se laisser spolier. Dès l'automne 1953, les nuages commencent à s'amonceler sur le petit Etat libertaire du président Arbenz.

En cette dernière semaine de l'année, Ernesto rencontre celle qui va devenir sa femme, la Péruvienne Hilda Gadéa. Elle est *Aprista* (d'*Apra,*

C'est au Guatemala qu'Ernesto forge véritablement sa culture marxiste. Auprès des exilés, venus de Cuba et de toute l'Amérique latine trouver dans le Guatemala de Jacobo Arbenz (ci-dessous) une terre d'asile, il choisit son camp, celui des opprimés – celui des plus faibles. Il est prêt à prendre les armes, lui qui confiait déjà à sa tante Beatriz, depuis le Costa Rica, sa haine du capitalisme, terminant

ainsi sa lettre : «Ton neveu, celui à la santé de fer, à l'estomac vide et à la lumineuse foi dans l'avenir socialiste.»

Alianza Para la Revolución Americana), brillante oratrice, animée d'une ferveur pour la Révolution qui séduit Ernesto. Si, dès leur première rencontre, il est d'emblée attiré par sa fougue et la netteté de ses propos, elle est, pour sa part, plus circonspecte : elle le trouve trop beau pour être intelligent.
Ernesto et Hilda se revoient à plusieurs reprises. Ils échangent des livres : Tolstoï, Gorki, Dostoïevski, mais aussi Kropotkine et Marx. Hilda l'aide à parfaire son éducation politique en lui prêtant *La Nouvelle Chine*, de Mao.

«Quoi qu'il arrive, je participerai à la prochaine révolte armée»

Par Hilda il fait la connaissance de Nico Lopez, dit el Flaco («maigre» en espagnol), rescapé de l'attaque de la Moncada contre la dictature cubaine. Nico Lopez nourrit une foi inébranlable en la victoire des révolutionnaires cubains et parle avec passion de Fidel Castro.

Hilda et Ernesto ne vivent pas encore ensemble mais partagent une féconde complicité. Egérie des Latinos exilés, Hilda devient la muse d'Ernesto. Il lui écrit des poèmes. Ils vont au théâtre, parlent de Sartre et de Freud, de l'avenir du monde en général et de celui du socialisme en particulier, convaincus que les deux sont liés. Ils ne sont pas toujours d'accord et chacun défend son idée avec d'autant plus d'aisance qu'il se sait écouté. Un soir la conversation rebondit sur *Le Mur* de Sartre, puis Ernesto offre à sa promise *La Peau* de Malaparte et l'initie à Rimbaud.

Mais au Guatemala, le temps de la révolution tire déjà à sa fin. En février 1954, le climat s'assombrit. Le vent de liberté qui échauffe les esprits inquiète le gouvernement américain. Des nouvelles alarmantes

Au Guatemala, Ernesto a désiré devenir un combattant. Il s'est attaché à déclencher une prise de conscience du peuple, exhortant les paysans à prendre le maquis (ci-dessus), au nom de la révolte armée.

selon lesquelles le pays va être envahi courent les rues. Ernesto en est tout exalté. Il propose à Arbenz d'armer les paysans, de prendre le maquis et s'engage dans la défense civile. Le 18 juin 1954, quatre jours après ses vingt-six ans, les Américains bombardent la

LES EVENEMENTS DU GUATEMALA

Une vue générale de GUATEMALA CITY qui aurait été bombardée par les avions rebelles .

29.584 INTERCONTINENTALE-21.6.1954

capitale. Ernesto, dans le rougeoiement des incendies, se barde d'une détermination infaillible.

Le 26 juin, Arbenz dépose les armes. Cette capitulation déclenche un vent de panique chez les exilés latino-américains qui se précipitent vers leurs ambassades. Ernesto, lui, écrit à sa tante Beatriz : «Les Yankis ont définitivement enlevé le masque de bons que leur avait mis Roosevelt, et jouent désormais un jeu de coulisse qui n'est pas très propre. Je me suis enrôlé dans les brigades juvéniles pour recevoir une instruction militaire et me rendre où il

Séduit par le régime progressiste d'Arbenz, le Che comprend lors de l'écrasement de la capitale guatémaltèque (ci-dessus) qu'il n'y a rien à attendre d'une révolution nationalo-bourgeoise et que pour contrer l'impérialisme la révolution doit se répandre partout sur le continent.

faudra... Une mission militaire nord-américaine a rencontré le président Arbenz et l'a menacé de bombarder le pays jusqu'à le détruire s'il ne se retirait pas. A quoi s'ajoute une déclaration de guerre du Honduras et du Nicaragua, alliés des Etats-Unis. [...] Je vais partir pour Mexico. Quoi qu'il arrive, je participerai à la prochaine révolte armée.»

Lune de miel à Mexico

Au soir du 26 juin 1954, dans la pagaille d'une ville déchirée, dans un pays qui sait qu'il va changer de pouvoir et d'orientation, Ernesto propose à Hilda de devenir sa femme. Ce n'est pas la première fois, mais aujourd'hui Hilda semble sur le point de se laisser convaincre. Ce sont en fait les aléas de leur vie de militant qui décideront de leur destinée. D'abord arrêtée et emprisonnée comme révolutionnaire par le nouveau pouvoir en place, puis libérée, puis arrêtée à nouveau, elle est expatriée... au Mexique ! Les deux fiancés se retrouveront donc à Mexico où Ernesto gagne son pain comme photographe avec Julio Caceres, dit el Patojo, (le «trapu»), un jeune révolutionnaire guatémaltèque rencontré dans le train.

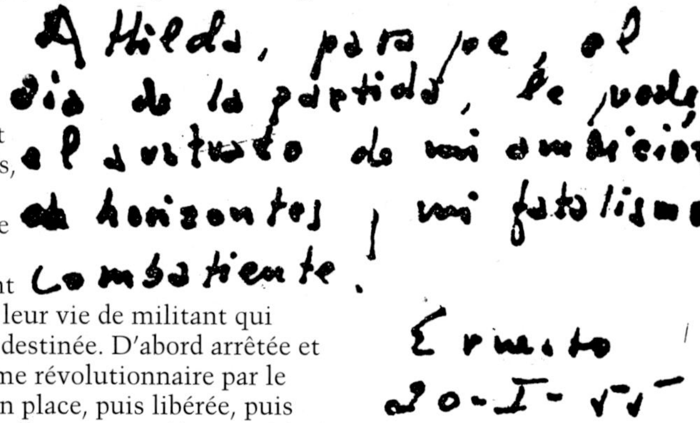

A Mexico, on appelle Ernesto el Che Guevara, du fait qu'il commence ou termine ses phrases, à la manière argentine, par l'interjection *che*. Il travaille aussi à l'hôpital, bénévolement, tous les matins. A ses heures perdues, il libelle un opuscule, *La Mission du médecin en Amérique latine*. Même si son destin n'est pas encore véritablement tracé – il rêve même d'obtenir une bourse à Paris ! –, c'est vers Cuba que vont toutes ses pensées.

Comme au bon vieux temps de Guatemala Ciudad, la bande, composée d'Ernesto, de Hilda et de réfugiés cubains comme Nico Lopez, est reconstituée.

Si les problèmes raciaux et existentialistes opposent pendant des heures Hilda Gadéa (ci-dessus) et Ernesto en de véritables joutes verbales, leur ferveur révolutionnaire reste néanmoins ancrée dans la même pensée : «Nous nous rattachions à une philosophie matérialiste de la vie, à une conception socialiste qui considère l'individu comme un élément de la société», se souviendra Hilda, longtemps après la disparition d'Ernesto.

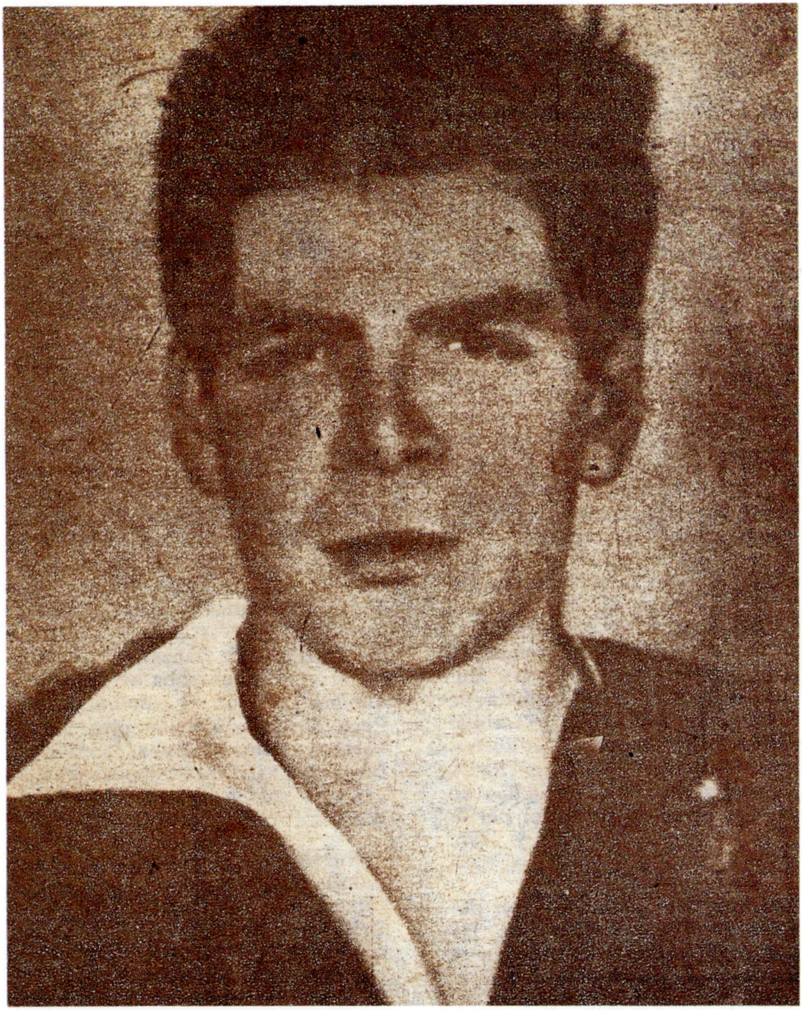

Dans l'attente de la libération de Fidel Castro et de son frère Raul, emprisonné lui aussi, on parle de Cuba. On rêve de Cuba. Ernesto écrit à son père : «La Havane m'attire tout particulièrement : je voudrais remplir mon cœur de paysages étroitement mêlés à certains passages de Lénine».

Début 1955, Ernesto laissera ces mots (à gauche) : «A Hilda, pour que le jour de mon départ, il lui reste mon enthousiasme et mon fatalisme combattant.»

Prensa Libre
EDICION EXTRA
HUYE
BATISTA

Un soir de la deuxième semaine de juillet 1955, vers 22 heures, Ernesto Che Guevara rencontre Fidel Castro, au n° 49 de la rue Emparan à Mexico, chez la Cubaine Maria Antonia Sanchez. La discussion s'étire la nuit durant, sans aucune dissension, sur l'analyse du continent sud-américain exploité par l'ennemi «yanki». A l'aube, Fidel propose à Ernesto de faire partie de l'expédition qui doit libérer Cuba du «tyran» Batista.

CHAPITRE II
RÉVOLUTION ACTE I

Autour de Maria Antonia et du drapeau cubain, sont réunis quelques-uns des futurs acteurs de la chute et de la fuite (à gauche) de Batista : Juan Manuel Marquez (à gauche de Maria Antonia), le second alors de Castro, Nico Lopez (le deuxième debout, à partir de la gauche), Ernesto (allongé), entouré de Ramiro Valdès et de Juan Almeida.

La rencontre chez Maria Antonia Sanchez Gonzalez

Raul Castro, le frère de Fidel, s'est préalablement chargé de déterminer le degré de sincérité et l'aptitude d'Ernesto pour intégrer le groupe des opposants cubains. Au sortir de cette rencontre mémorable, Fidel Castro et Ernesto se sont mutuellement évalués. Les deux hommes se savent de la même trempe, et partagent une même vénération pour les libérateurs de la fin du XIXe siècle, parmi lesquels le Cubain Jose Marti. Avant de prendre congé, le Che assortira cependant son engagement d'une condition : «Reprendre ma liberté de révolutionnaire après le triomphe de la Révolution. Si triomphe il y a.»

La double attaque préparée par Castro pour le 26 juillet 1953 – celle de la Moncada (ci-dessous et à droite) conduite par Fidel et celle menée par Juan Manuel Marquez contre la caserne Cespedes – marque le début de l'insurrection armée contre Batista (ci-dessous, au centre) et restera le symbole de la Révolution cubaine.

Le Mouvement du 26 juillet ou «M 26-7»

Deux ans auparavant, l'attaque de la forteresse de la Moncada à Santiago de Cuba signait l'acte de naissance du mouvement anti-Batista. Le 26 juillet 1953, Fidel envoyait ses troupes, préparées à

l'action depuis dix mois, à l'assaut de la caserne. Menée par trois leaders sans expérience, Fidel et Raul Castro, ainsi qu'Abel Santamaria, contre un millier de soldats aguerris, l'offensive se soldait par un échec. Plus de la moitié du commando, soit près de quatre-vingts hommes, y trouvait la mort. Fidel et Raul échappèrent au massacre mais furent arrêtés. Fidel, en tant qu'avocat, assura lui-même sa défense, en un plaidoyer de deux heures dans lequel il revendiquait la totale responsabilité de l'acte de rébellion, au nom de la résistance à la dictature. Il concluait par une phrase restée fameuse : «Condamnez-moi, cela est sans importance, l'Histoire m'absoudra.»

Condamné à quinze ans de prison à l'île des Pins, Fidel n'en fit finalement que deux, qu'il mit à profit pour compléter ses connaissances politico-sociales et étayer une réflexion dont la conclusion sera toujours ambivalente, ainsi qu'il l'exprimera plus tard, en 1959, après le triomphe :

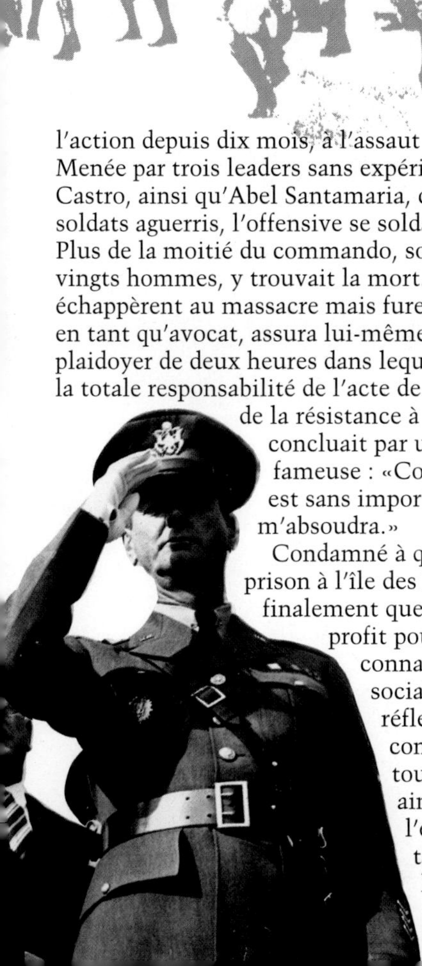

Batista (ci-contre), métis né à Banes, à la pointe orientale de Cuba, aime le pouvoir. A trente ans, prenant une part active à un coup d'Etat militaire victorieux, il est nommé chef d'état-major. En 1944, il est élu président pour quatre ans. Apprécié, il est appelé «fils du peuple». A l'expiration de son mandat, il quitte Cuba pour Miami, avant d'y reprendre le pouvoir en 1952 et d'y instaurer une dictature jusqu'en 1958. Trés lié avec la mafia, il fait rapidement de La Havane une ville tout entière vouée aux riches touristes en quête de plaisirs. Cette corruption ne tarde pas à inquiéter Washington.

«Le problème terrible de notre époque, est que le monde doit choisir entre le capitalisme qui affame le peuple et le communisme qui résout les problèmes économiques mais supprime les libertés.»

En mai 1955, Fidel fut libéré. Batista avait été contraint de céder à l'opinion publique en le relâchant, suite à une loi d'amnistie en faveur des assaillants de la Moncada...

Fidel Castro (ci-dessous et à droite, arrêté par les troupes de Batista) rejoint à sa libération Mexico où l'attendent ses amis rebelles, à qui il lance : «En 1956, nous serons libres ou martyrs.» Sûr de lui, il est prêt à affronter la réalité que soustendent ces mots...

Une recrue singulière : un médecin argentin

En ce début juillet 1955, voilà donc le Che embrigadé dans la troupe rebelle. Comme médecin, bien sûr, son casier d'activiste révolutionnaire étant pour le moment vierge. Dès février 1956,

il commence ses classes de guérillero. Un entraînement de commando poussé est mené dans le ranch isolé de Santa Rosa à une quarantaine de kilomètres de Mexico.

A la même époque, la police mexicaine lance un vaste coup de filet dans les milieux activistes cubains. Il semble que le gouvernement mexicain, après maintes hésitations, se soit rendu à la demande de Batista de démanteler le réseau M 26-7. Fidel Castro lui-même est arrêté, puis Hilda et Hildita, la petite fille qu'Ernesto et sa femme viennent d'avoir.

Le 28 juin 1956, la police fédérale entoure le ranch Santa Rosa dont elle a appris l'existence et la fonction. Elle s'apprête à donner l'assaut lorsque Fidel, qui a obtenu la permission de sortir de sa prison

Au XIXe siècle, l'émergence des Etats-Unis sur le continent des Amériques coïncide avec le déclin des empires européens minés par les revendications indépendantistes des créoles. Au centre de ce continent, la zone caraïbe devient une *mare nostrum* américaine dans la ligne doctrinale de Thomas Jefferson. Ses successeurs vont s'employer à confirmer la possession de tout le continent, laquelle découle de leur fameux «principe naturel». Avec Monroe, puis Roosevelt et W. H. Taft qui inaugurent l'un la politique du bâton, l'autre celle du dollar, les Etats-Unis restent fidèles à cette ligne historique et considèrent tous les pays du continent comme leur «arrière-cour». Si cette politique ne va pas sans dommages ni contestations, l'armée, la CIA, le FBI et la Banque centrale sont mis à contribution pour asseoir cette domination. Cette main-mise a toujours été combattue par les pays d'Amérique latine, au premier rang desquels Cuba.

pour éviter une tuerie, hurle : «C'est à Cuba que nous nous battrons.» Les trente hommes, dont le Che, sont arrêtés.

Quelque temps plus tard, en l'absence de chef d'inculpation sérieux, Fidel est libéré et s'emploie à faire libérer le Che et obtient pour lui d'un bureaucrate véreux un droit d'asile au Salvador. Ernesto recouvre la liberté le 31 juillet. Le coup de filet de la

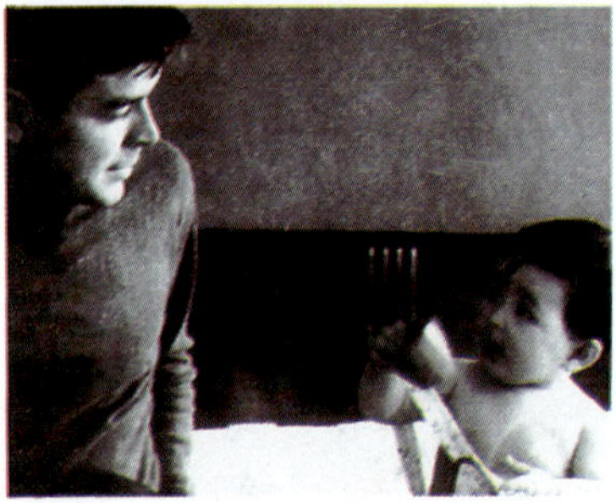

police mexicaine a fortement ébranlé le M 26-7. D'évidence, Batista a été informé que Fidel Castro prépare un coup de force et il s'emploie à refouler toute tentative d'approche des côtes. L'heure n'est plus à la préparation mais à l'action.

Fin août, Ernesto prend congé de sa femme et de sa fille qui vient d'avoir six mois. Il lui offre ce petit poème en prose : «J'ai arpenté les chemins d'Amérique. Chez les Mayas, au Guatemala, pour découvrir une révolution. Là, j'ai croisé la route d'une camarade qui est devenue mon guide. Ensemble nous avons vécu avec l'idée de défendre ce petit pays contre les Yankis. Maintenant, l'heure est venue pour moi de combattre, cette fois dans un autre petit pays, un morceau de notre continent, pour en déloger l'exploitation et la misère. Avec la volonté de construire un monde meilleur dans lequel tu vivras.»

Entre deux entraînements, interrogatoires ou arrestations, Ernesto s'occupe tendrement de sa fille (à gauche) – «notre poupon joufflu est le portrait craché de Mao Tsé-Toung», écrit-il à ses parents !

En embarquant à bord du *Granma*, Ernesto a décidé de jouer le tout pour le tout : «Dans ma vie, j'ai passé mon temps à chercher ma vérité dans les faux pas, et là en chemin et avec une fille qui me perpétue, j'ai bouclé la boucle. A partir de maintenant ne considérez pas ma mort comme une frustration», explique-t-il à ses parents. Le *Granma*, américanisme de *grandmother*, vient d'être acheté par Fidel Castro à un Nord-Américain, Robert B. Erickson. Celui-ci a cédé également un petit terrain sur les bords du rio Tuxpan qui va servir de base d'embarquement. Castro (ci-contre avec Camilo Cienfuegos qui se révélera un guérillero exemplaire) a chargé le dénommé Chuchu Reyes, le seul fidéliste à connaître suffisamment les moteurs de bateaux, d'aménager la vieille embarcation pour qu'elle puisse contenir le plus de personnes possible. Au jour J, seuls quatre-vingt-deux des rebelles, en majorité cubains, peuvent monter à bord. Ernesto Guevara embarque avec le grade de lieutenant mais surtout en tant que médecin... oubliant ses médicaments contre l'asthme dans une caisse restée à terre !

Les 82 du Granma

Le 25 novembre de la même année, vers 1 h 30 du matin, dans la nuit rendue compacte par le brouillard, quatre-vingt-deux hommes se hissent à bord d'un yacht, le *Granma*. C'est un vieux yacht de bois : 13,25 mètres de long, 4,79 mètres de large, prévu pour contenir tout au plus vingt-cinq personnes. Venus de Mexico, de Veracruz, de Jalapa ou de Victoria, les hommes de Fidel portent la tenue vert olive qui sera bientôt célèbre dans le monde entier. Ils ont rallié Tuxpan, petit port situé au sud de Tampico, dans le golfe du Mexique. Toutes lumières éteintes, le yacht descend le fleuve vers son embouchure. Bientôt, ses occupants seront «libres ou martyrs», selon le mot de Fidel repris dans la presse gouvernementale cubaine.

Le M 26-7 a organisé l'appui logistique du débarquement en plusieurs points de l'île de Cuba : Manzanillo, Campechuela, Media Luna, Pilon. Un dispositif d'accueil a été mis en place par des paysans acquis à la cause. De son côté, l'armée de Batista est sur le pied de guerre. Elle a communiqué à ses gardes-côtes une liste de bateaux de plaisance à surveiller, dont le *Granma*. Déjà, les avions C 47 et B 25 se relaient le long des côtes. Toute embarcation suspecte doit être arraisonnée. La pluie, le brouillard et le mauvais temps qui malmènent les rebelles les dérobent heureusement au faisceau lumineux des phares de la marine mexicaine. A l'aube du 2 décembre, après sept jours d'une traversée éprouvante, le navire accoste enfin. Mais déporté par la tempête il échoue dans les marécages de Belic, loin de la plage prévue et les camarades ne sont pas là pour l'accueillir.

Parmi ces sept guérilleros réunis autour de Fidel Castro, on reconnaît (debout, de gauche à droite) Guillermo Garcia, Ernesto, portant une casquette, et Cresencio Perez. Au premier plan, se tiennent Raul Castro, George Sotus et Juan Almeida. Progressant au cœur de la forêt de la Sierra Maestra, tous dorment à la belle étoile dans des hamacs en jute, lequel déclenche régulièrement l'asthme du Che qui finira par récupérer un hamac de toile.

«Ce n'était pas un débarquement, c'était un naufrage», notera le Che. Effectivement, c'est dans une inextricable mangrove que les «82» ont mis pied à l'eau. Qui plus est, rapidement repérés par l'aviation ennemie. Voilà qui ressemble à s'y méprendre à un suicide collectif. Et pourtant...

Alegria del Pio

Dès son arrivée sur le sol cubain, la troupe des rebelles, les pieds dans la fange marécageuse, voit se dresser au-dessus d'elle comme un appel, une invite, la Sierra Maestra qui va devenir le majestueux théâtre de leur épopée. Le moment n'est pas à l'ébahissement mais à la vigilance. Sans guide, les Fidélistes avancent pendant plusieurs jours à l'aveuglette, armes et baluchons au-dessus de la tête dans une jungle épaisse.

Mais la carcasse du *Granma* a été découverte par un pêcheur. Les autorités sont alertées. Rapidement, le bruit se répand dans l'île que Fidel Castro a débarqué avec deux cents hommes en armes. Le 5 décembre, la colonne de rebelles, exténuée, fait halte près d'une canneraie appelée Alegria del Pio. A 5 heures de l'après-midi, l'armée gouvernementale, prévenue par un paysan, fait irruption et ouvre le feu. Les rebelles se précipitent dans les champs de canne à sucre. Fidel tente en vain de les regrouper. Les balles pleuvent. Le Che est sérieusement blessé, au cou et à la poitrine. Trois hommes sont tués dès le début de l'assaut.

Le bilan sera désastreux : vingt et un Fidélistes capturés seront éliminés dans les jours qui suivent. Le Che note dans son journal un épisode de cette bataille qui a valeur de symbole : «A côté de moi, un compagnon déguerpit, abandonnant deux caisses, une de balles et une de médicaments. Je les lui désigne en

De sa démarche si particulière, quasi théâtrale, le Che avance ici avec ses hommes, dans les marais de l'Escambray, situés au milieu de l'île de Cuba.

hurlant. Il me répond que ce n'est pas le moment de s'en occuper. Incapable de porter les deux, je me trouve en face d'un dilemme : les médicaments ou les munitions ? Qui suis-je ? Un médecin ou un révolutionnaire ? Je choisis la caisse de munitions. »

Le Che, qui a vu la mort de près, compte parmi le groupuscule de huit conduit par le capitaine Juan Almeida Bosque, le seul Noir des chefs révolutionnaires. Les rescapés sont éclatés en petits groupes qui se chercheront pendant de longs jours en évitant l'ennemi.

Dans la Sierra Maestra

A La Havane, la nouvelle ne tarde pas à se répandre : Fidel Castro est mort. Le monde entier en est bientôt convaincu. Au point que le haut commandement de l'armée retire, à la mi-décembre, une importante partie de ses unités du secteur de la Sierra Maestra.

Pendant ce temps la troupe des envahisseurs survit comme elle le peut. La Sierra Maestra est un massif absolument sauvage, long de cent trente kilomètres et large de cinquante. Ni dispensaires, ni écoles, peu de villages, pas de médecins. Des paysans isolés dont, en un premier temps, les révolutionnaires se méfient. Des paysans qui, pourtant, ne tarderont pas à devenir des alliés précieux, voire par la suite le véritable levier de la Révolution.

Che Guevara prendra une part active dans ce revirement, en s'affirmant d'emblée non seulement un médecin attentif envers les villageois mais aussi un pédagogue patient et intransigeant. Ainsi obligera-t-il ses camarades d'armes analphabètes à suivre les cours du soir qu'il dispense car il veut les aider à être pleinement conscients qu'ils forment l'avant-garde guidant les masses.

Regroupés à vingt, les rescapés d'Alegria del Pio mettent au point la nouvelle stratégie de la guérilla : s'appuyer sur les paysans et combattre dans les montagnes, là où nul ne pourra les déloger. Et d'abord relever leur premier défi : s'en prendre à l'armée gouvernementale qui compte quarante mille hommes.

Ces *barbudos* qui tournent en rond, attaquent ou fuient l'armée loyaliste de Batista ne tardent pas à attirer l'attention de la presse. Et notamment le Nord-Américain Herbert L. Matthews, un reporter du *New York Times*. Fidel Castro, calculant l'impact que peut avoir le reportage de Matthews dans le monde entier, et à La Havane même, le reçoit dans son bivouac : et lui fait croire qu'il a avec lui beaucoup d'hommes.

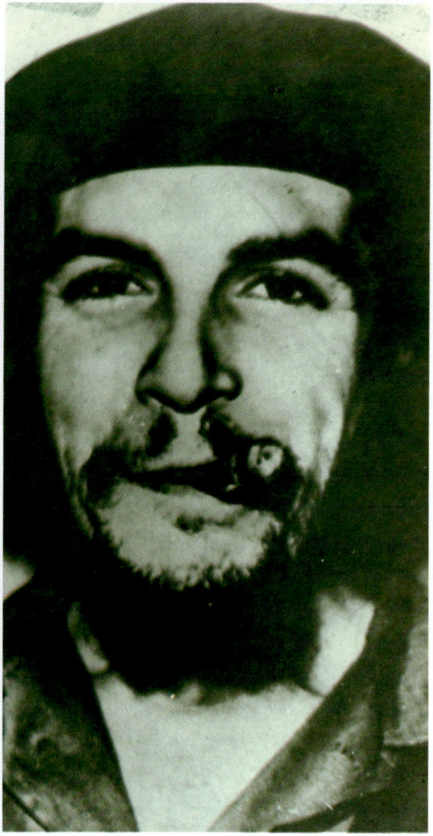

Premières batailles, premières victoires

Le 17 janvier 1957, en pleine nuit, les Fidélistes s'attaquent à leur première cible, la caserne de la Plata, au pied du mont Turquino, le sommet le plus haut de l'île qui culmine à deux mille mètres. Le Che court à découvert pour incendier un hangar, ce qui déclenche la panique dans les rangs ennemis et l'admiration de ses compagnons. Il constate : «Notre attitude avec les prisonniers contraste avec celle de l'ennemi. Ils achèvent nos blessés et abandonnent les leurs. Avec le temps, cette différence deviendra un facteur de réussite pour nous.»

Si le béret du Che, qui ne porte pas encore ici l'étoile, est devenu célèbre dans le monde entier, on sait que l'Argentin pouvait également porter une casquette à visière (à gauche), ou encore un casque de soldat, lequel le fit un jour prendre pour un ennemi par Camilo Cienfuegos.

Si, dans cette partie orientale de Cuba, les paysans se sentent de plus en plus concernés par la guérilla, à La Havane, à huit cents kilomètres de là, à en croire les journaux officiels, *El Mundo* et *El Païs*, le feu de paille s'est éteint. Pour Fidel, c'est là une aubaine qu'il ne s'agit pas de laisser passer. L'armée relâche sa pression. Les rebelles lancent leur deuxième attaque à l'Aroyo del Infierno.

Le Che tue là son premier homme. Il écrit : «Nous attendons le combat comme une délivrance. Ce sont des moments où les nerfs les plus solides ne peuvent empêcher les genoux de trembler.» Après cette attaque, le Che est intégré par Fidel aux chefs de la guérilla. Avec Raul, Almeida et le *jefe* lui-même, il participe désormais aux conversations tactiques et est consulté sur les grandes décisions.

Dans la Sierra, la légende du Che se répand, colportée par *Radio Bemba*, le tam-tam des montagnes. Pour les paysans, le Che est un être exceptionnel; il vient d'ailleurs, son accent le prouve, sa peau claire aussi. De plus il est médecin, autrement dit sorcier, magicien, puisque dans la Maestra il n'y a pas de docteurs. Désormais, les *barbudos* (les «barbus») sont perçus par les *guajiros* («paysans») comme les «bons». C'est bien là une victoire lorsque l'on considère la méfiance naturelle de ces autochtones, et la peur de l'autre, dues à la fois à l'insularité, au relief montagneux, et à des siècles de

Moment important de la guérilla : la mise au point du plan d'attaque par Fidel Castro (ci-dessus) : autour de Fidel, penché sur le sol pour préciser les positions à prendre, suivent attentivement (de gauche à droite) le Che, agenouillé, Calixto Garcia, Ramiro Valdes et Juan Almeida. Chacun donne son avis mais celui de Fidel chaque fois l'emporte : non seulement il souhaite vaincre, mais il veut, pour la rendre irrésistible, que leur avancée gagne l'opinion internationale.

domination et d'humiliation politiques et économiques.

La coordination des mouvements anti-Batista

Autant que Fidel, le Che a compris que la Révolution ne peut s'enfermer dans la forteresse que deviennent pour les rebelles les montagnes d'Oriente. Que cette zone «libérée» de la Sierra Maestra n'est qu'un début et qu'il faudra poursuivre le combat en plaine vers l'ouest, vers La Havane située à l'autre bout du pays. Lucide, estimant qu'«il est illusoire d'imaginer des soulèvements simultanés d'un bout à l'autre de l'île», il lui faut convaincre les autres chefs révolutionnaires. Car le M 26-7 n'est pas le seul mouvement à se battre contre Batista : dans les villes et dans les campagnes luttent également le Directoire des ouvriers révolutionnaires, la Fédération des étudiants, le Parti socialiste populaire, en fait communiste, dirigé par Felix Torres, l'*Organization Autentica,* le *Directoria 13, El Secundo Frente del Escambray* de Roberto Sori Hernandez ainsi que le Directoire révolutionnaire de Fauré Chomon Mediavina. Il faut coordonner tous ces mouvements. Le Che, fin psychologue et remarquable stratège, s'acquitte de la tâche.

Un «Territoire libre»

En mars 1957, cinquante-huit nouveaux partisans venus de la plaine ont rallié le M 26-7. Cinquante-huit novices avec seulement vingt-sept fusils. Le mois d'avril est consacré à la formation des nouveaux venus et à la restructuration de la troupe rebelle. En trois mois, les Fidélistes ont changé : ils ont porté des coups à l'ennemi, en ont encaissé, se sont endurcis et organisés. La confiance gagnée auprès des paysans et la solidarité qui s'ensuivent rendent la région beaucoup plus sûre. Ils entreprennent même de la verrouiller pour en faire un véritable «Territoire libre». Une logistique se met en place, qui interdira

peu à peu aux soldats de Batista d'approcher. Cette «République libre» qui se crée dans la Sierra Maestra suppose aussi que l'ordre et la justice y règnent. Trois paysans accusés de trahison sont ainsi jugés par un «tribunal populaire».

ON AVANZA

L'étoile du commandant

Le 21 juillet 1957, les *barbudos* signent une carte de condoléances pour le frère de Frank Païs qui vient d'être assassiné (il fut l'un des plus prometteurs dirigeants du Mouvement du M 26-7 cantonné en ville pour organiser grèves et sabotages). Alors que, comme ses compagnons, le Che appose à son tour sa signature, précédée de son grade, Fidel lance sur le plus banal des tons : «Mets Commandant !»

Le *Guerillero heroïco*, comme il le restera dans l'histoire de Cuba, est ainsi élevé au grade de commandant avant Raul, le propre frère de Fidel, avant Almeida, l'allié de la première heure. A la

Le tam-tam de la Sierra, *Radio Bemba*, rallie bientôt de nombreux paysans – près d'un millier de volontaires – aux rebelles castristes, et fait la part belle au Che, cet Argentin au drôle d'accent qui soulage les malades.

Scellés en juillet 1955 à Mexico, les destins de Fidel Castro et d'Ernesto Guevara de la Serna, dit le Che, ne se dénoueront véritablement qu'avec la mort du Commandant étoilé, le 9 octobre 1967 en Bolivie. Ces deux caractères des temps modernes sont pourtant différents : Castro est fasciné par le pouvoir, le Che obsédé par la destruction de toutes les formes d'impérialisme. C'est sur le terrain de la guérilla que s'est le mieux accomplie leur complémentarité, produisant un tandem fameux, tel que l'Histoire a su en révéler ailleurs. Seul l'ennemi à abattre pouvait pousser ces deux caractères si entiers à travailler en totale harmonie, le but à atteindre canalisant leur formidable énergie dans un courant invincible. Lorsque arrivera le temps du pouvoir, la complicité des deux guérilleros n'y résistera pas.

Che Guerrillero

demande de Fidel, Celia Sanchez, grande figure de la Révolution, lui remet une petite étoile dorée, l'étoile Jose Marti.

La promotion n'est pas usurpée. En tant que responsable de la nouvelle colonne, le Che devient indépendant. Avec Fidel, ils se partagent désormais leur champ d'action : au *jefe* l'est de Turquino, au Che, l'ouest. De loin en loin, les deux hommes se réunissent pour faire le point et planifier leurs actions futures. Le 29 août, date importante dans le registre de leurs actions militaires, ils décident de prendre Pino del Agua. Le 17 septembre, la ville tombe aux mains des rebelles, les soldats batistiens perdent trente-sept des leurs. Peu à peu, la victoire au bout du fusil s'affirme comme autre chose qu'une utopie.

Les moyens de la victoire

Tandis que les visées politiques de Fidel se précisent, l'exaltation révolutionnaire du Che, elle, ne cesse de croître. Il se donne tout entier à la Révolution. Son premier souci est de former des gradés responsables et des soldats conscients de leur devoir. Il le veut ainsi, pas uniquement pour Cuba : lui qui arrive d'un pays

Grâce au Che (à gauche, devant un émetteur-radio), la propagande suit désormais le cours des ondes et touche au cœur du peuple.

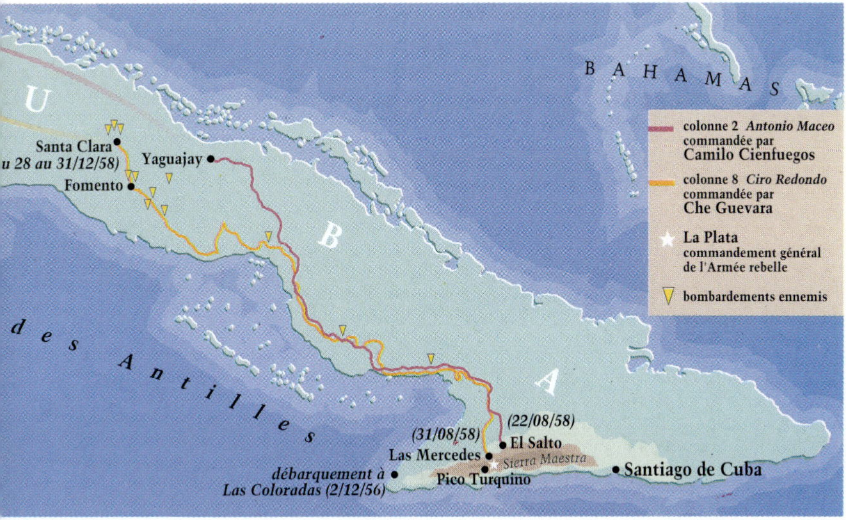

lointain se considère comme citoyen du monde. Il définit ainsi sa guérilla : «Elle n'est pas ce qu'on pense : une guerre en minuscule, des groupuscules qui affrontent une armée puissante. Non, la guérilla est la guerre du peuple entier contre l'oppresseur. Le peuple est la base et la substance même de la guérilla.» Organisé et méthodique, Che Guevara crée l'organe de propagande du Mouvement, le *Cubano Libre*, puis il lance *Radio Rebelde* qui propage la Voix de la Révolution. C'est également un excellent moyen de contrer les visées d'une autre opposition à Batista qui depuis Miami annonce la création d'une junte pour fédérer tous les mouvements militaires.

Surnommé l'«artiste de la guérilla» par Fidel, le Che fonde une première école de recrutement et d'entraînement à El Hombrito, un camp installé sur un sommet. Forte de ses succès, la guérilla enrôle des candidats d'origines sociales diverses, y compris des femmes. Le Che éprouve pour celles-ci un profond respect. Il écrit dans son livre de bord : «La femme est d'une extraordinaire importance dans un processus révolutionnaire. Elle est capable de réaliser les travaux les plus difficiles, de combattre avec les

Après dix-huit mois de combat dans la Sierra Maestra, Cienfuegos et le Che partent fin 1958 à la tête de deux colonnes rebelles (l'Antonio Maceo, la n° 2, pour Cienfuegos ; la Ciro Redondo, la n° 8, pour le Che) chargées de conquérir l'ouest de l'île, soit près de sept cents kilomètres jusqu'à La Havane. Fidel et Raul Castro doivent de leur côté assurer la libération de la région est, l'Oriente, où ils sont nés. Le but est de prendre Santiago – la ville où tout a commencé le 26 juillet 1953.

hommes. [...] Elle assure le travail qui est, peut-être, le plus important, pour mener une révolution à bien : la communication entre les diverses forces combattantes.» Soucieux de leur sécurité, le Che les installe à l'abri du danger principal que représente l'aviation. La vie de couple est admise mais pas le libertinage. Là comme ailleurs, le Che ne badine pas avec la discipline.

Dans la Sierra, le Che veille à ce que l'on ne manque pas de respect aux femmes. Relativement nombreuses à El Hombrito puis à La Mesa, elles sont très utiles dans leur rôle de messagères, d'infirmières ou encore d'aides au fonctionnement même du camp. Le Che préfère donc ne pas les enrôler au combat, jusqu'au jour où Fidel constituera un escadron spécial qui s'avérera fort efficace.

La bataille de la Sierra Maestra

A La Havane, Batista décide d'en finir avec ces trublions barbus qui éliminent ses hommes et perturbent de plus en plus le bon fonctionnement de son île. Début mai, une véritable armée est levée : quatorze bataillons plus sept compagnies avec mortiers et tanks, soit quelque dix mille hommes, appuyés par l'aviation et la marine, se répandent dans les contreforts de la Maestra.

Le 24 mai 1958, Fidel regroupe les chefs de la guérilla pour distribuer les rôles. Le Che, lui, devra entrer en action dans la région de Rio Juibacoa. Les rebelles se battront à un contre dix, parfois contre beaucoup plus. Mais les *barbudos* sont maintenant chez eux dans la Sierra Maestra. Soutenus par les paysans, cachés dans une jungle qu'ils connaissent par cœur, maîtres des accès principaux, des

ponts routiers et ferroviaires, les rebelles s'emparent dès la fin mai de plusieurs stations émettrices desquelles ils ordonnent à l'armée de bombarder leurs propres positions. Avec les premières prises de guerre, les Fidélistes disposent bientôt de plus de cinq cents armes de tout type, y compris mortiers et tanks. Du 25 mai à la mi-août, ils infligent défaite sur défaite aux Batistiens qui laissent près d'un millier d'hommes sur le «Territoire libre». La Croix-Rouge est débordée, les dirigeants loyalistes sentent passer sur eux un vent de panique. La fin est proche.

Scène quotidienne du camp : la discussion. En bon Argentin, le Che (ci-dessus), ici avec Fidel Castro et le Dr Piti Fajardo, s'exprime avec les mains. L'aventure suicide est en train de tourner à la faveur des guérilleros et déjà, l'on parle d'avancer en plaine et de prendre le reste de l'île.

La fin de Batista

Le 31 août, avec en main un ordre de mission signé Fidel Castro lui conférant les pleins pouvoirs, le Che part d'El Jibaro, à quelques kilomètres de Las Mercedes, au nord-ouest de la Sierra Maestra, à la tête de la colonne numéro «8», la colonne Ciro Redondo du nom d'un guérillero mort au combat, avec cent trente-neuf hommes sous ses ordres et Ramiro Valdès pour second. Son ami Camilo Cienfuegos est parti avant lui comme chef de la colonne numéro «2», en avant-garde.

L'ultime étape : la marche sur La Havane. Une marche de trois mois dans des conditions excessivement difficiles : jungle inextricable, marais putrides, pilonnages

incessants de l'armée de l'air. Mais une marche durant laquelle la victoire révolutionnaire se précise de jour en jour. Si les rebelles doivent plus que jamais jouer à cache-cache avec les avions, ils s'imposent encore et toujours dans les combats terrestres. Surtout, au fur et à mesure de leur avancée, les nouvelles recrues affluent en masse. Inlassablement, le Che explique la Révolution. Il racontera lui-même plus tard : «Nous avancions avec la réforme agraire comme fer de lance de l'Armée rebelle.» La promesse – promulguer sitôt au pouvoir un arrêté révolutionnaire stipulant que celui qui dispose de petites parcelles cessera de payer l'impôt jusqu'à ce que la Révolution décide au cas par cas – sera tenue.

Il faut aussi, tâche plus délicate encore, convaincre les chefs des divers mouvements antigouvernementaux de respecter un programme commun, sous l'égide du M 26-7, dont le Che est, en tant que porte-parole de Fidel, le principal coordinateur. Son charisme est en la matière un atout maître. Mais aussi sa farouche volonté de faire respecter l'ordre révolutionnaire.

Vers la fin du mois de novembre, il signe un accord avec l'un des hauts responsables du Directoire révolutionnaire, l'un des nombreux groupes d'opposition au pouvoir.

Cet accord stipule notamment qu'«une parfaite coordination sera maintenue dans les actions militaires, afin de parvenir à des actions conjointes et d'utiliser ensemble les voies de communication et de ravitaillement qui sont sous le contrôle de l'une ou l'autre organisation». La bataille décisive sur Santa Clara, forteresse de Batista et sésame de La Havane, peut avoir lieu.

Des quelque trois mille soldats qui défendent Santa Clara la bien nommée, plus du tiers se regroupe dans

Photo. 29. (59.1.39/26)
roadside on their march

Derrière un Fidel Castro à la mine patibulaire (ci-dessus, au centre), on peut reconnaître Hernandez Osorio, dit Miguel en Bolivie, et Pedro Garcia Pelay.

Fidel Castro and his rebel Army stopping along the into Havana. Photo by Burt Glinn.

la caserne Leoncio Vidal. Batista, dit-on, mise sur une arme secrète, un monstre de fer qui fait route vers Santa Clara : un train blindé de dix-neuf wagons, pour ainsi dire sans portes, bourré de soldats, avec une multitude de meurtrières, d'où tireront canons, lance-roquettes, mitrailleuses et fusils automatiques. Les loyalistes assurent que c'est l'arme absolue, qui écrasera la Révolution.

Aux côtés de Castro, se tient également Ernesto Guevara, non pas le Che alors à Santa Clara, mais un guérillero, parfaitement homonyme !

«Nous avions combattu toute la journée du 30 [décembre 1958]. A ce moment-là, les communications avaient déjà été coupées entre le centre de Santa Clara et le train blindé. Ses occupants, se voyant encerclés sur les collines de Capiro, tentèrent de s'enfuir en empruntant la voie de chemin de fer et ils tombèrent dans la voie que nous avions détruite auparavant. [...] Un combat remarquable fut alors engagé, au cours duquel les soldats étaient sortis avec des cocktails Molotov du train blindé, magnifiquement protégés, mais seulement prêts à lutter à distance, depuis des positions commodes et contre un ennemi pratiquement désarmé. [...] Assiégé par des hommes qui, à partir de points et de wagons tout proches lançaient des bouteilles d'essence enflammée, le train se transformait – à cause des plaques de blindages – en un véritable four. En quelques heures, tout le convoi, avec ses 22 wagons, ses [armes] antiaériennes, ses fantastiques quantités de munitions – fantastiques compte tenu bien sûr de nos effectifs réduits – se rendit.»

Che Guevara,
in *Granma*, 1959

Le 28, le Che donne l'assaut avec tout au plus quatre cents partisans. La population ralliée aux rebelles dresse des barricades et s'en prend aux chars avec des cocktails Molotov. Le train blindé, le fameux *tren blindado*, tombe avant même d'utiliser sa puissance. Le 31, Santa Clara est prise. Plus rien désormais n'empêche le Che de retrouver Camilo Cienfuegos à La Havane. A son arrivée dans la capitale, le 3 janvier 1959, le Che étreint Camilo. Ils ont gagné. Son frère d'armes ayant déjà assuré l'essentiel, il recevra les clés de la Cabaña, la vieille forteresse qui garde le port, sans avoir à tirer un coup de feu. Pendant ce temps, à l'autre bout de l'île, Fidel s'empare de Santiago.

Les barricades (ci-contre) érigées pour retenir Batista sur l'île n'empêchent pas sa fuite pour Saint-Domingue, dans la nuit du 31 décembre 1958. (Batista mourra de sa belle mort en 1973, à Marbella.) Le 2 janvier, les troupes libératrices sont enveloppées d'une liesse exubérante. Pourtant, des crépitements de rafales éclatent au milieu des salves laudatrices (ci-contre) : certains cherchent à piller les biens des fuyards. Les libérateurs mettront de longs mois à rétablir l'ordre.

Le triomphe de la Révolution

Vingt-cinq mois après le débarquement suicide du *Granma*, toute l'île de Cuba s'offre un gigantesque carnaval. Bonheur immense pour Fidel, le Che et leurs compagnons, que d'avoir réalisé une mission que le monde entier, Batista le premier, jugeait impossible. Le Che dira plus tard : «La guerre m'a révolutionné.»

Les *guarijos*, les paysans pour qui et avec qui la Révolution a triomphé, viennent, depuis la province de l'Oriente, mêler leurs oriflammes aux couleurs nationales désormais fraternelles, indépendantes et souveraines. Tout le long de la route qui mène à La Havane, des myriades de paysans et de villageois se portent au devant des rebelles victorieux. Ils sont venus si nombreux, à pied ou à dos de mule, et en font tant pout témoigner leur reconnaissance, notamment au Che qui vient de faire tomber Santa Clara, que ce dernier ne pourra atteindre La Havane, et la découvrir, que le 3 janvier 1959.

A trente ans, il est vivant et vainqueur. Il a su s'élever et s'imposer comme un chef. Il est désormais auréolé d'une gloire militaire, mais une ère autrement plus délicate l'attend : le combat politique qui prolonge une révolution en modèle de vie à inventer et à offrir aux hommes.

FARMACIA
Dr. CALDERIN
CASA
REP CUBA 59
2·165

Partie gagnée

Le 1er janvier, Fidel Castro prend Santiago, où il s'exclame : «Enfin, nous sommes arrivés à Santiago ! Notre chemin a été long et difficile, mais nous sommes arrivés. Cette fois-ci, heureusement pour Cuba, la Révolution aboutira réellement ; cela ne sera pas comme en 1898, lorsque les Américains se firent les maîtres de notre pays.» Pendant ce temps, le 2 janvier, Camilo Cienfuegos, à La Havane, a soumis quelques milliers de soldats batistiens, regroupés dans les casernes de la Columbia et de la Managua. Pour rejoindre la capitale, distante de huit cents kilomètres, Fidel Castro traverse Santa Clara (ci-contre), déjà libérée par le Che. Le 5 janvier 1959, il s'adresse à la population du balcon de l'hôtel de ville (pages suivantes), un cérémonial répété de ville en ville.

VIVA FIDEL
año de la libertad
1959
VIVA CUBA LIBRE

Batista et son système évincés, il faut asseoir le nouveau pouvoir. Pour Fidel Castro, «la chute de la dictature ne signifie pas pour autant le triomphe de la Révolution». Fidel n'est pas encore – loin de là – le «lider maximo» et, décidé à tracer son chemin progressivement, sans se faire d'ennemis à l'extérieur, s'appuie, dans un premier temps, sur l'aura précieuse du Che.

CHAPITRE III
RÉVOLUTION ACTE II

Le 8 janvier 1959, le peuple cubain (à gauche) rend un hommage à la romaine à Fidel Castro. C'est l'occasion pour le Che de faire venir ses parents à La Havane (ci-contre, avec sa mère).

L'installation d'un nouveau pouvoir

Le 7 janvier 1959 sont posées les premières pierres du nouvel édifice de l'Etat cubain : un gouvernement central, des assemblées provinciales, des tribunaux révolutionnaires qui jugent les délits qualifiés de «contre-révolutionnaires». Le 9, le nouveau Conseil des ministres proclame le Che citoyen cubain. Celui-ci se déclare prêt à accepter des charges officielles pour aider le pays qu'il vient de contribuer à libérer. Dans un premier temps, il s'assigne pour mission de combattre le vandalisme et de maintenir l'ordre.

Un mois plus tard, Fidel Castro devient Premier ministre et les mesures radicales se succèdent : nationalisation de tous les services publics (transports, téléphone), jusque-là aux mains de compagnies américaines, socialisation du logement

“Maintenant je suis un combattant qui travaille à la consolidation d'un gouvernement . L'avenir ? A la vérité, je ne sais où je laisserai mes os.”

Che Guevara, janvier 1959

LIBERT

et baisse des loyers. En mai est proclamée la première loi de la réforme agraire : les plantations sont nationalisées et l'Etat devient propriétaire de plus de la moitié des terres. Les propriétés individuelles sont réduites à cent deux hectares maximum. Réforme capitale qui permet à de nombreux paysans de devenir propriétaires.

Les structures se mettent en place, trop lentement au gré du Che : les atermoiements du nouveau président, le Dr Urrutia, l'insupportent. Il harcèle les Castro, rappelle à Raul que 35 % seulement des enfants vont en classe et que 2,5 % seulement termineront l'école primaire ! Il critique l'échéancier du ministre de l'Economie, Regino Boti : « Avec ce programme qui s'étale sur deux ans, les enfants de la Sierra ont le temps de mourir de malnutrition. Je suis médecin et je sais de quoi je parle ! »

Après la mise en place d'Urrutia, qu'il a lui-même orchestrée, Fidel Castro s'aperçoit très vite qu'il n'est pas l'homme de la situation. Urrutia défend en fait les intérêts latifundistes et ceux du grand capital. Parmi les forces d'opposition qui se sont unies pour se débarrasser de Batista, tous ne sont pas des révolutionnaires, loin s'en faut. Les dirigeants du gouvernement doivent faire place nette et écarter les conservateurs pour mettre en œuvre leur programme de gouvernement. Urrutia destitué, Osvaldo Dorticos lui succède le 17 juillet à la présidence. Le tandem Dorticos-Castro fonctionnera jusqu'en 1976. Fin septembre, Fidel se donne les moyens de verrouiller l'ensemble de la structure politique, en créant les Comités de défense de la Révolution, les CDR, toujours en place aujourd'hui, puissants et envahissants.

C'est leur unique rencontre : Fidel a invité Ernest Hemingway à venir pêcher la truite dans une lagune proche de la baie des Cochons. L'auteur de *Pour qui sonne le glas*, favorable aux Républicains espagnols, a vécu dans l'île où il gagna force trophées de pêche au gros et de chasse, dont celui du très sélect Club des chasseurs du Cerro où se défiaient les amateurs de tir au pigeon. Le club allait devenir en 1961 l'école des Mitrailleurs des milices.

Ambassadeur de Cuba

Tout juste remarié le 2 juin de cette même année 1959 avec Aleida March – qui lui donnera quatre enfants –, le Che obtient sa première fonction officielle d'ambassadeur itinérant. Le 12 juin, il quitte Cuba. Sa mission : établir des relations économiques avec d'autres pays. Première étape, Le Caire où il est reçu par Nasser, chantre du nationalisme panarabe,

Le Che exhibe sa tenue vert olive de guérillero dans toutes les réunions internationales. Ridiculiser le protocole compte parmi ses plaisirs. En revanche, il sait tirer parti de son aura que ses exploits dans la Sierra Maestra ont gravés dans le marbre.

Inlassablement, il témoigne de son combat sur les tribunes les plus prestigieuses que sa fonction d'ambassadeur itinérant lui offre. Son image fait le tour du monde, conférant à Cuba et à sa Révolution gloire et admiration auprès de la jeunesse qui, des campus californiens aux rues de Tokyo ou de Paris, scande son nom. L'heure en effet est à la libération des peuples opprimés par l'«oncle Sam», au premier rang desquels le peuple du Viêt-nam d'un autre «oncle», Ho Chi-Minh.

qui lui demande quelle est sa vision du processus révolutionnaire dans le monde avant de lui offrir un fusil-mitrailleur dernier cri en guise de cadeau d'adieu. Proclamé à Gaza «grand libérateur des opprimés», le Che retiendra de sa visite : «Le premier pas que fit le gouvernement égyptien pour réorganiser sa structure économique fut la réforme agraire qui affecta seulement mille sept cent soixante-huit latifundistes, redistribuant entre les paysans la terre récupérée qui était de dix pour cent au total. La base de l'économie agricole est la coopérative, formée par de petits propriétaires d'un à deux hectares qui travaillent collectivement la terre mais en profitent individuellement.»

En Inde, Jawaharlal Nehru reçoit le Che en privé et fait la sourde oreille à sa proposition d'acheter des armes. Le Che consigne sur son livre de route :

«Le progrès est partout. Les techniciens de la réforme agraire enseignent au paysan de changer son combustible habituel, la bouse de vache, pour l'électricité. Petit changement aux grands effets qui permet de libérer pour en faire de l'engrais d'énormes quantités d'excréments.»

Au Japon, il est reçu par les présidents des plus importantes firmes du pays, Toyota et Sony notamment. Il établit le parallèle avec l'Etat cubain : «Comme eux, nous n'avons pour ainsi dire rien, pas ou peu de pétrole, ni acier, ni charbon : ils ont du riz, nous de la canne à sucre. Ils tirent plus de leur riz que nous de notre canne à sucre. Il faudra utiliser notre matière grise pour progresser.» Contre la volonté des responsables de son séjour, il va à Hiroshima pour se rendre compte sur place des dégâts causés par la bombe atomique américaine du 6 août 1945.

En Indonésie, il compare ses vues militaires à celles du président indonésien Sukarno. Il écrira dans la revue *Verde Olive* : «C'est une armée indonésienne constituée par un groupe d'hommes jeunes avec de

grandes barbes guérilleras et un uniforme vert olive, qui a obtenu l'indépendance. Avec pour président le Dr Sukarno qui n'a pas encore quarante ans. Plus qu'un homme de parti, Sukarno, communiste, musulman, qualifie son régime de démocratie dirigée.» Le Che conclura : «Bientôt nos deux peuples se donneront la main, car nous aurons vaincu, chacun de notre côté de la planète, nos problèmes d'équilibre interne.»

Le ministre des Transports cubains, Omar Fernandez, aux côtés du Che lors de sa tournée dans les pays non alignés, témoigne : «Nasser [à gauche] a été très accueillant. Il nous a permis de visiter un de ses sous-marins soviétiques et nous a montré les avions Mig qu'il venait d'acheter à Moscou.» «Ambiance autre avec Nehru [ci-dessous] qui ne supportait pas l'air conditionné : partout, des Indiens battaient l'air avec des palmes. Cela déplaisait au Che qui s'intéressait aux chemins de fer et aux systèmes d'irrigation.»

Rencontre avec Tito

Sur bien des points, politiques, économiques et idéologiques, l'étape de Belgrade est la plus riche d'enseignements. L'ambassade cubaine est reçue par le maréchal Josip Broz dit Tito. Le Che a hâte de rencontrer celui qui a rompu avec Staline en 1948 et s'est imposé comme le leader des pays non alignés (indépendants par rapport aux deux blocs américain et soviétique). Sa requête pour obtenir des armes sera infructueuse, et le Che s'amusera de la rouerie de son hôte : dans l'avion qui l'éloigne de la Yougoslavie, il lit dans un journal anglais que Tito vient de vendre des armes à un pays arabe. Mais à Zagreb, il a gagné une révélation dont il saura faire bon usage : le travail volontaire, qui permet aux villageois de prêter main forte aux paysans.

De retour à La Havane le 8 septembre 1959, après un voyage de trois mois qui le mènera encore à Rome,

De retour de Yougoslavie (de gauche à droite ci-dessous, le Che, Fernandez et Tito), le Che dénonce les déviations et erreurs idéologiques du titisme mais son esprit résolument ouvert lui fait admettre les bons points dont il veut s'inspirer, notamment la participation active des conseils ouvriers dans la vie politique. Pour lui, c'est «peut-être le plus intéressant de tous les pays visités pour le développement de son industrie [...] et pour ses complexes relations sociales.» «Le maréchal nous reçut très simplement dans l'île de Brioni sur l'Adriatique, raconte

Fernandez. Un paradis pour machos. Les dirigeants du Parti avaient là à leur disposition des femmes toutes plus belles les unes que les autres de tout type et de toute couleur.»

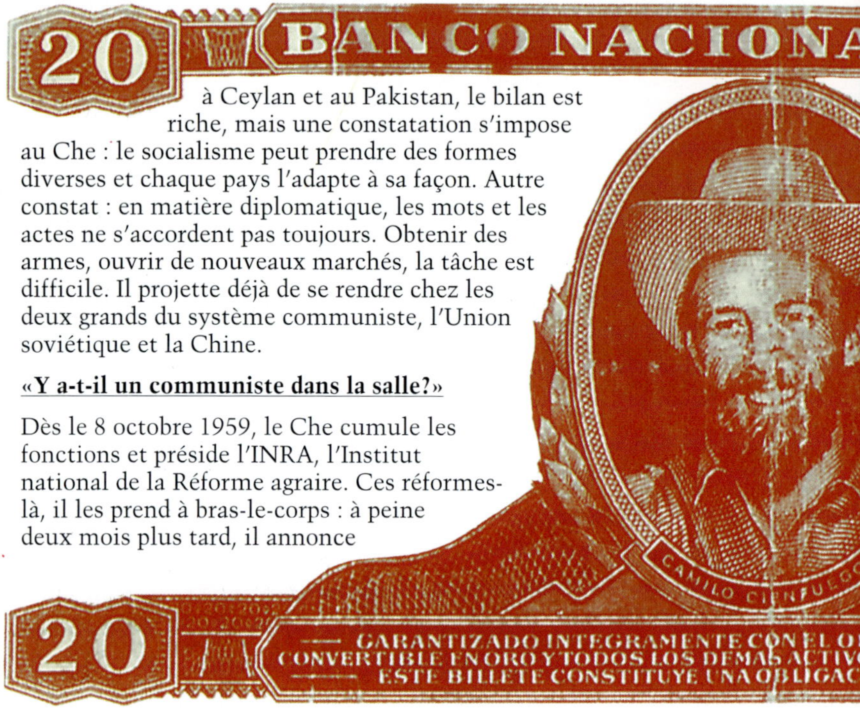

à Ceylan et au Pakistan, le bilan est riche, mais une constatation s'impose au Che : le socialisme peut prendre des formes diverses et chaque pays l'adapte à sa façon. Autre constat : en matière diplomatique, les mots et les actes ne s'accordent pas toujours. Obtenir des armes, ouvrir de nouveaux marchés, la tâche est difficile. Il projette déjà de se rendre chez les deux grands du système communiste, l'Union soviétique et la Chine.

«Y a-t-il un communiste dans la salle?»

Dès le 8 octobre 1959, le Che cumule les fonctions et préside l'INRA, l'Institut national de la Réforme agraire. Ces réformes-là, il les prend à bras-le-corps : à peine deux mois plus tard, il annonce «le décès officiel du latifundisme». Entre-temps, le 26 novembre, il est nommé à la tête de la Banque centrale, à la stupéfaction des grands argentiers capitalistes et à la sienne propre. Une plaisanterie d'ailleurs court l'île : à la question de Fidel s'adressant à une assemblée de militants : «Y a-t-il ici un économiste ?», il leva la main, ayant entendu : «Y a-t-il un communiste ?» Autre revanche sur le capitalisme, il signe désormais les billets de banque : «Che».

Le bras de fer avec les Etats-Unis

A ses tout débuts, la révolution castriste est surveillée de près par Washington, et la chute de Batista est même saluée avec une certaine chaleur. Avec les petits dictateurs sud-américains – Somoza

Camilo Cienfuegos, (ci-dessus) «toréait le danger. Il était l'image du peuple cubain», dira le Che à sa mort, le 12 novembre 1959. Nommé chef des Armées, Cienfuegos a quitté La Havane le 26 octobre à bord d'un Piper, pour une mission en province. Le 28, l'avion s'abîme dans la baie de la Gloria, sans doute abattu par des opposants. Castro demandera, en vain, à la marine américaine d'opérer des recherches.

au Nicaragua, Stroessner au Paraguay ou Trujillo à Saint-Domingue où s'est réfugié Batista –, on préconise à la Maison Blanche «une attitude froidement protocolaire», selon les termes du propre frère d'Eisenhower.

Pourtant, rapidement, les divergences vont se creuser. En juin 1959, Fidel a décidé la nationalisation des plantations de sucre et de tabac, qui appartenaient dans leur totalité aux Américains. Les Etats-Unis protestent une première fois en baissant notablement le quota d'importation de sucre. Raul Castro, en voyage à Moscou, obtient alors des

Soviétiques qu'ils s'engagent à prendre le relais. Un contrat est signé avec l'URSS qui prévoit l'échange de la principale production cubaine contre du naphte que Cuba devra raffiner pour le compte de son partenaire. Or, les dirigeants des raffineries de pétrole cubaines sont tous américains (à l'exception de l'une d'entre elles, anglaise)... et refusent de traiter le pétrole russe. Le 6 août 1960, Fidel nationalise alors les compagnies pétrolières de l'île.

«Cuba, si ! Yankis, no !»

La nationalisation des firmes pétrolières, suivie de celle des banques, puis des biens institutionnels des Etats-Unis dans l'île, marque le début de l'escalade. Pour mesurer la perte sèche (environ un million de dollars) que représentent pour les Américains les

Il ne manque pas de collectionneurs pour se disputer cette rareté : un billet de banque signé «Che, président de la Banque centrale de Cuba».

Dès sa nomination, le Che s'emploie à débarrasser le rôle de la banque du fétichisme «du capital et de l'intérêt, la banque se devant de fournir les liquidités nécessaires à l'entreprise sans but lucratif». Il déchante vite, ses vues étant contrées par les orthodoxes, tant à Cuba que sur la scène internationale, au sein même des marchés socialistes qui, à son grand dam, emboîtent le pas des pays capitalistes et ne prêtent rien sans rien aux pays du tiers monde. Nommé ministre de l'Industrie cubaine, il ne changera pas ses vues – pas plus que ses contradicteurs.

todos somos

réformes du castrisme, il faut savoir que les Etats-Unis possédaient 90 % des mines du pays, 50 % des terres, et contrôlaient 67 % des exportations et 75 % des importations.

Le 8 août 1960, le Che clôture le premier congrès de la Jeunesse latino-américaine, au théâtre Blanquista de La Havane, en déclarant : «Je dis ici maintenant avec toute ma force que l'URSS, la Chine et les pays socialistes et tous les peuples coloniaux ou semi-coloniaux qui sont parvenus à se libérer sont nos amis. Bien qu'il y ait en Amérique latine des gouvernements qui nous conseillent de lécher la main qui nous frappe, nous ne pouvons pas nous unir dans une alliance continentale avec notre grand esclavagiste.» Il termine par un retentissant *«Cuba, si! Yankis, no !»* qui deviendra le slogan de toutes les universités d'Amérique latine.

Le temps du blocus

Le 19 octobre 1960, les Etats-Unis décrètent un embargo total sur le commerce avec Cuba. Une mesure de rétorsion qui va avoir des conséquences incalculables à la fois sur la vie quotidienne des Cubains et sur la trajectoire géopolitique de l'île.

Ce n'était pas tant le madré Khrouchtchev que les pratiques du Parti dans ses relations internationales que le Che détestait. Entre son premier séjour à Moscou en 1960 (ci-dessus) où le peuple lui fait un triomphe et son troisième et dernier voyage en 1964, les déceptions s'accumulent. L'économiste Bettelheim rapporte : «Le Che, lors de son premier voyage à l'Est, n'hésitait pas à se comparer à Alice au pays des Merveilles. Il changera, reconnaissant que l'URSS fait payer cher aide et livraisons.»

Jusqu'alors, il n'y avait pas un secteur de la consommation qui ne fut dépendant des Etats-Unis. Outre l'industrie du sucre et du tabac, tout ce que l'on consommait dans l'île était fabriqué par les Etats-Unis, que ce soit sur leur territoire ou à Cuba. Cuba importait des Etats-Unis près de trente mille articles utiles et inutiles à la vie quotidienne, depuis la brosse à dents jusqu'aux hôtels de luxe, en passant par voitures, frigos, postes de radio, machines à laver, locomotives et navires marchands, ventilateurs, ustensiles de cuisine et fers à repasser. Les techniciens les plus qualifiés étaient américains et les rares techniciens cubains cédèrent aux offres conséquentes de leurs patrons et les suivirent aux Etats-Unis.

Le blocus du 19 octobre fit brutalement prendre conscience à l'île de Cuba qu'elle n'était pas un pays distinct mais une péninsule commerciale des Etats-Unis. De nombreux opposants au régime castriste partirent en exil aux Etats-Unis. Fidel Castro dut renvoyer une partie du personnel de l'ambassade américaine qui avait aidé au départ de ces anticastristes. La tension monta encore d'un cran.

Pékin est le point d'orgue de tous les voyages du Che (ci-dessus). Il a pour la Chine une admiration qu'il nourrit depuis son adolescence. Déjà en Argentine, il signait ses articles pour la revue de rugby *Taktle* du pseudonyme «Chang-Cho». Outre la civilisation chinoise, c'est l'âme même de la révolution maoïste, c'est-à-dire l'immense foule des paysans, qui le fascine, le faisant rêver pour leurs «frères» de son continent semblable destin. Il rencontre Mao Tsé-Toung à deux reprises, sans toutefois cautionner le goût de la mise en scène du Grand Timonier, lui préférant la complicité intellectuelle du brillant Chou En-lai.

CASTRO
es la
MUERTE

A Cuba, le souvenir des oppresseurs batistiens est à vif : la mobilisation contre le blocus – compris comme une décision partagée à la fois par l'administration américaine et par les exilés anticastristres – est totale (page de gauche, en haut et ci-contre). Des exilés cubains, parmi les plus revanchards, ont en effet été recrutés par la CIA, et sont entraînés dans un camp pour commandos au Guatemala. A l'avènement de Castro, l'utilisation de la force n'est encore qu'une option parmi d'autres : copier l'épopée castriste, en débarquant dans l'est de l'île afin d'organiser des attentats, des sabotages et provoquer un soulèvement populaire ! Outre la menace potentielle du régime castriste, les Américains doivent tenir compte de la communauté cubaine de Floride (page de gauche, en bas), riche, remuante et influente. Ainsi, peu avant l'épisode de la baie des Cochons, l'un d'eux, José Miro Cordona, éphémère Premier ministre d'Urrutia puis leader de l'opposition, est-il tenu enfermé par la CIA à Opa-Locka, en Floride, par crainte de débordements.

La baie des Cochons

Le 3 janvier 1961, le président Eisenhower rompt les relations diplomatiques avec Cuba. L'île vit dès lors dans la psychose de l'invasion. De grandes croix rouges sont peintes sur les toits des hôpitaux, des écoles, des asiles de vieillards, pour les protéger des bombardements prévisibles. De très nombreux actes de sabotage commandités par Washington ont déjà eu lieu : champs de canne à sucre ravagés par des bombes incendiaires, usines dynamitées par la résistance interne au castrisme soutenue par les Etats-Unis. Le 4 mars, l'explosion du navire français *Le Courbe*, sur les quais de La Havane, avec à son bord les armes achetées à la Belgique par la Révolution, fait une centaine de morts. Attentat non revendiqué mais lourdement suspecté d'être le fait de la CIA.

Le Che prépare au combat les milices de la province de Pinar del Rio, face aux côtes de la Floride où tout le monde s'attend à un débarquement américain. Le 15 avril, deux chasseurs américains B 26 bombardent les aéroports de La Havane et de Santiago.

Pour assurer leur invasion, les Américains prévoient deux raids sur Cuba. Lors de celui du 15 avril 1961, les B 26, pilotés par des exilés cubains, laissent l'aviation castriste intacte mais provoquent un véritable tollé : Fidel Castro parle d'un «nouveau Pearl Habour».

Le débarquement a lieu le 17 avril 1961. Quinze cents assaillants de nationalité cubaine, pro-américains et décidés à reprendre Cuba à Fidel Castro, débarquent à Playa Giron, dans la baie des Cochons. Ils arrivent de Miami, des îles de Vieques près de Porto-Rico, de Puerto Cabeza du Nicaragua d'où sont également parties des troupes aéroportées. Préparée du temps d'Eisenhower, déclenchée par Kennedy, la tentative échoue totalement. Les anticastristes s'enlisent dans les marais et plus de mille cents d'entre eux sont faits prisonniers.

L'échec de l'opération de la baie des Cochons laisse 1113 survivants, prisonniers (ci-contre) d'un Fidel Castro victorieux. Ils sont jugés publiquement dans une école de La Havane au printemps 1962 : Castro réclame soixante millions de dollars pour leur libération. Dans le discours du 17 mai, il propose que cette rançon soit versée sous forme d'engins agricoles. Si Kennedy ne peut accepter le marché «humiliant» que lui soumet Castro, il est cependant gêné par la communauté cubaine de Floride qui en appelle à l'opinion publique. L'issue est la suivante : isoler Cuba en accentuant le blocus et changer la nature du «troc» : il propose des produits pharmaceutiques, financés par des firmes privées et déductibles d'impôts. Entravée par la crise des missiles, la transaction n'aboutira que le 24 décembre 1962. Il aura cependant fallu l'aide du cardinal de Boston et d'exilés cubains pour payer un solde de trois millions de dollars.

Conséquence du débarquement manqué : en janvier 1962, Cuba est exclue de l'Organisation des Etats américains. Cette exlusion entraîne la rupture avec les autres pays du continent, hormis le Mexique et le Canada. S'ajoute un blocus économique des produits susceptibles de contenir des matières premières en provenance de l'île de Cuba : l'accès des ports américains est désormais interdit à tout navire préalablement entré dans un port cubain. Toute vente de denrées agricoles à Cuba est également interdite.

A la tribune de l'ONU, le 8 octobre 1962, le président Dorticos lance un avertissement aux Américains : «Nous voulons vous mettre en garde contre toute erreur, une agression contre Cuba pourrait, à notre grand regret et contre nos vœux, donner le signal d'une nouvelle guerre mondiale.»

La mise en garde de Dorticos (ci-dessous) se trouve rapidement cautionnée par les U2 américains qui photographient les missiles soviétiques. La presse communiste mondiale, et de gauche en général, se déchaîne contre Washington. L'île de Cuba, «le petit poucet des Caraïbes», doit tenir. En France, il n'est d'intellectuel engagé qui ne se passionne pour ce pays. *L'Humanité* («une» d'avril 1961) ne ménage pas son soutien à Castro, malgré ses réserves à l'égard du Che dont il est plus «facile» de louer le guérillero que le penseur marxiste.

CINQ HEURES DU MATIN

l'Humanité

ORGANE CENTRAL DU PARTI COMMUNISTE FRANÇAIS

6, boul. Poissonnière - Paris 9e | MARDI 18 AVRIL 1961 | NF 0,25

DÉCLARATION DU BUREAU POLITIQUE DU PARTI COMMUNISTE FRANÇAIS

HALTE A L'AGRESSION CONTRE CUBA !

La crise des fusées

Embargo, multiplication des raids organisés par les exilés, manœuvres de quarante mille marines dans les Caraïbes, tout laisse à penser, au cours de l'année 1962, que les Etats-Unis s'apprêtent à tenter une nouvelle invasion. La défense du territoire devient la principale préoccupation du pouvoir cubain qui renforce ses liens avec l'URSS.

Au mois d'octobre, des avions espions américains, les fameux U2, apportent la preuve photographique de la présence de rampes de lancement de fusées nucléaires soviétiques, installées à deux cents kilomètres des côtes de la Floride. Le 22 octobre, John F. Kennedy alarme la terre entière devant les caméras de télévision. Le conflit jette le monde au bord de la confrontation nucléaire.

Kennedy, ici aux côtés du secrétaire à la Défense Robert McNamara, a fort à faire avec les partis de droite, les démocrates de Floride (ci-dessus) et l'Administration qui ne lui obéit pas toujours : ainsi l'US Navy refuse-t-elle de réduire le rayon de la quarantaine de 700 milles marins à 400.

"All the News That's Fit to Print"
The New York Times.
LATE CITY EDITION
VOL. CXII..No. 38,258.
NEW YORK, TUESDAY, OCTOBER 23, 1962.
FIVE CENTS
U.S. IMPOSES ARMS BLOCKADE ON CUBA ON FINDING OFFENSIVE-MISSILE SITES; KENNEDY READY FOR SOVIET SHOWDOWN
КОЛХОЗНИК

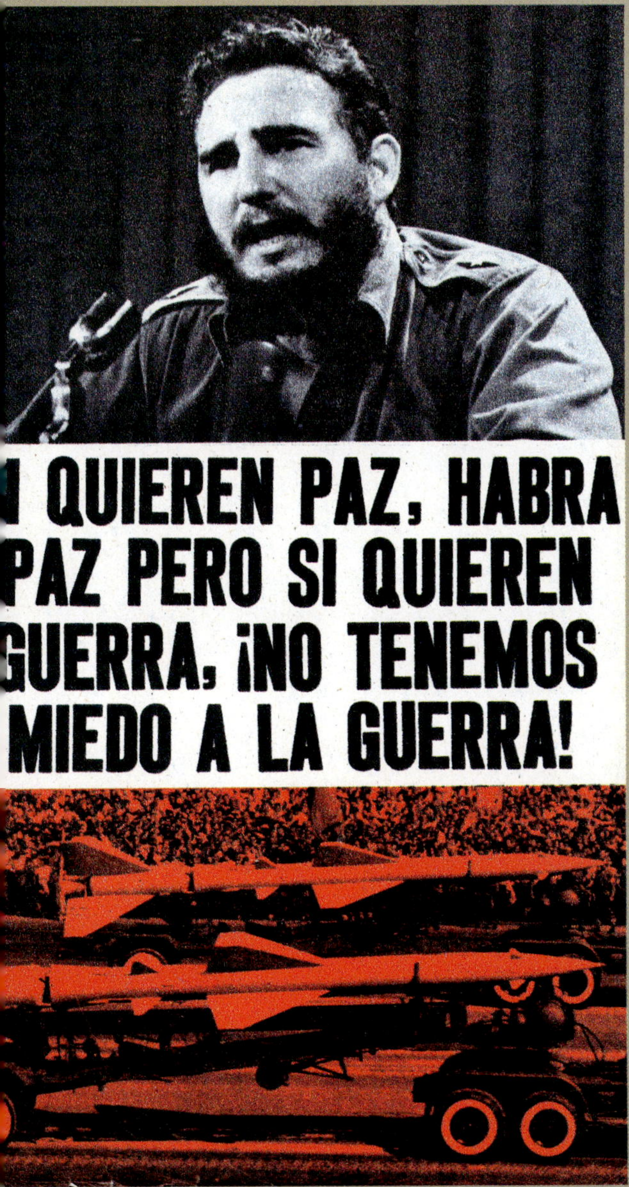

Un pari téméraire

Pendant quatre jours, du 22 au 28 octobre, les menaces de guerre s'intensifient. Les Américains hésitent entre blocus (page de gauche, en haut, «une» du *New York Times* du 23 octobre) et attaque aérienne. L'impasse paraît totale lorsque le 28, Kennedy adresse à Khrouchtchev l'ultimatum suivant : «Vous acceptez de retirer ces armes de Cuba, sous le contrôle des Nations unies ; vous vous engagez, en donnant les garanties nécessaires, à mettre fin à [leur] livraison à Cuba. De notre côté, nous acceptons de supprimer le blocus, [...] de prendre l'engagement de ne pas envahir Cuba.» Il sait que cette proposition n'a qu'«une chance sur cent de réussir». Pourtant, le lendemain, *Radio Moscou* communique une réponse de Khrouchtchev : «Afin d'éliminer aussi rapidement que possible le conflit qui met en péril la paix, le gouvernement soviétique [...] a donné l'ordre de démonter les armes que vous considérez comme offensives et de les ramener en Union soviétique.» La crise des missiles vient de trouver son dénouement, sans que le gouvernement cubain ait été consulté.

LAUNCH PAD WITH ERECTOR
"All the News That's Fit to Print"
The New York Times.
LATE CITY EDITION
NEW YORK, MONDAY, OCTOBER 29, 1962.
FIVE CENTS
U.S. AND SOVIET REACH ACCORD ON CUBA;
KENNEDY ACCEPTS KHRUSHCHEV PLEDGE
TO REMOVE MISSILES UNDER U.N. WATCH
OXIDIZER VEHICLES

Dans l'œil du cyclone

Si la crise des fusées n'a pas vraiment modifié les prérogatives des deux superpuissances soviétique et américaine, elle a cependant entraîné un rapprochement et l'installation d'un «téléphone rouge» entre Washington et Moscou. En revanche, les deux responsables de ce bras de fer sont désormais perçus différemment : alors que Khrouchtchev a reculé – et sera bientôt évincé –, Kennedy a fait preuve de lucidité, de courage et de méthode, forgeant ainsi le mythe du jeune président épaulé par une garde rapprochée intelligente et dynamique. Robert A. Hurwitch, à l'époque en charge des Affaires cubaines, témoigne : «Nous avions bien l'intention de faire ce que nous disions et nous avons réussi à le faire comprendre aux Soviétiques.»

Un bras de fer s'engage entre Kennedy et Khrouchtchev. Kennedy, épaulé par tous les pays d'Amérique latine, décrète le blocus naval de Cuba et exige le retrait des missiles. Pendant quelques jours, le monde entier retient son souffle. Khrouchtchev décide de négocier. Le 24, à 10 h 30, les bateaux

Partage habile des rôles : Castro endort l'assemblée de l'ONU dans des discours fleuves, Khrouchtchev la réveille en martelant le pupitre de son soulier.

battant pavillon rouge frappé de la faucille et du marteau mettent en panne au large des côtes cubaines, se pliant au blocus intimé par Washington. Victoire américaine ? Soulagement, plutôt, car les Soviétiques ont gagné la promesse que Cuba ne serait pas attaquée et le blocus levé. Autre point marqué : les fusées américaines Jupiter sont retirées des bases américaines de Turquie, pays frontalier de l'URSS et membre de l'OTAN.

Sur Cuba, le poids des enjeux

Conséquence inattendue de la crise : Cuba et ses dirigeants se sont sentis ligotés dans des enjeux qui les dépassaient largement. Une impression dont ils auront confirmation à travers un échange entre Chinois et Soviétiques. Aux dirigeants chinois en pleine querelle depuis 1959 avec les «révisionnistes» soviétiques, et qui l'accusent de capituler et d'exhiber sa frousse des impérialistes, Khrouchtchev répondra : «Nous n'avions pas besoin de Cuba pour menacer nos ennemis qui demeurent à la portée de nos fusées à partir de notre territoire.» Alors pourquoi les avoir déployées ? «Pour protéger Cuba.» Castro est irrité, Guevara est furieux et le fera savoir. Tous deux comprennent, même si le terme est encore inconnu, que le temps de la «coexistence pacifique» approche, annonciateur de compromis et de compromissions. Fidel Castro s'en accommodera bientôt. En revanche, c'est pour le Che, dirigeant, la première occasion officielle de se distancier de Moscou.

Le débat idéologique

Celui que Fidel appelle *polifacetico*, l'homme aux multiples talents, «le dirigeant le plus complet qui soit», a laissé une somme impressionnante d'écrits,

La crise des missiles suscite une propagande pro-castriste sans précédent (à gauche). Depuis l'agression de la baie des Cochons, le spectre de la guerre avec les Etats-Unis envahit les esprits. Depuis six mois, la tension est à son comble : ne va-t-on pas jusqu'à dire que le Che, absent de La Havane, s'est suicidé en se tirant une balle dans la tête ! (Il a en fait trébuché et le coup, parti de son arme tombée à terre, lui a laissé une balafre au visage.) A la fébrilité du peuple, s'oppose le sang-froid des dirigeants. Alberto Granado se souvient d'une visite faite par le Che aux mercenaires prisonniers : «En le reconnaissant, l'un des chefs *gusanos* (ver de terre, qualificatif donné aux Cubains anticastristes) se pissa dessus de frayeur. Il le croyait mort. [...] Il y avait aussi un curé [...] qui a voulu paraître sympathique devant les journalistes étrangers. S'adressant au Che, il a cru habile de dire : «S'il le faut, je peux couper de la canne comme travailleur volontaire.» Le Che a posé sur lui un regard froid : «Non ! Ici coupent la canne à sucre les amis de la Révolution, pas ses ennemis.»

politiques et économiques, de stratégie et de tactique, le tout dans un style sans concession pour la forme, à l'unisson de l'âpreté des sujets.

Che Guevara a toujours manifesté un choix théorique de l'économie qui faisait litière des dogmes en vigueur, s'essayant cependant de coller au plus près de l'esprit de Karl Marx : «De la même façon, disait-il, que Cuba a fait sa révolution en dépit de l'absence de modèle puisque c'est elle-même qui a bâti son modèle, mon pays devra chercher sa voie en matière économique et sociale.» Ajoutant : «Ce qui

Au pouvoir, le Che exerce son action dans tous les domaines : à la fois voix officielle de Cuba à l'étranger – le Che ambassadeur passe pour le vice-président du pays –, directeur de la Banque centrale, président de l'Institut national de la Réforme agraire, il prend chaque fois la tâche à bras-le-corps. A cet égard, il ressemble à Fidel Castro, connu pour «mettre son nez» dans tout, y compris les affaires subalternes..., et plus encore à Lénine lui-même, qui à la fois se piquait de gérer la cantine d'un ministère, et noircissait des milliers de pages pour consigner ses pensées.

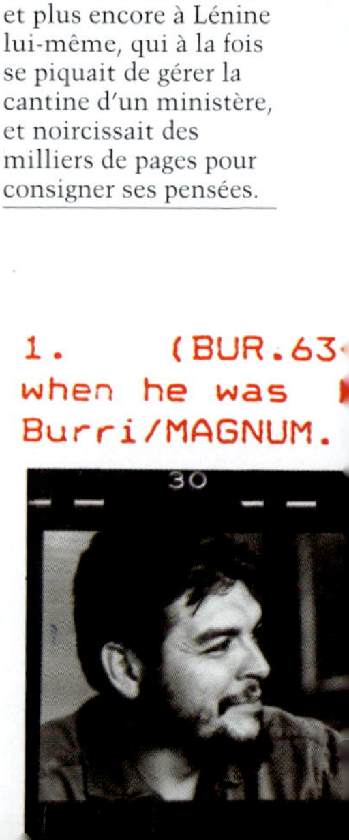

est vrai pour la révolution l'est tout autant pour l'économie, sinon cela reviendrait à dire que la révolution cubaine est aberrante.» Aussi, tout au long de ses responsabilités gouvernementales, il choisira l'option la plus apte à éviter un retour en arrière, procédant comme si le temps était compté.

La pensée économique du Che et la loi de la valeur

Les six années qu'il passe au pouvoir, le Che les consacre à la réflexion économique et à son application. Il tire sa propre pensée des écrits de Marx et de Lénine, et s'intéresse aussi aux avis contradictoires : ceux d'Ernst Mandel, économiste belge, membre de la IVe Internationale, et de Charles Bettelheim, spécialiste français de l'économie planifiée. Bien qu'il le trouve trop peu révolutionnaire, le Che tient ce dernier en grande estime, et commente à plusieurs reprises ses écrits dans la revue *Cuba socialista*. De son côté, le Français lui reproche d'être trop pressé, utopique et de négliger la réalité des faits humains et sociaux.

L'économiste Guevara affirme qu'une économie socialiste doit offrir toute une gamme de produits à très bas prix, sélectionnés par le Plan qui seul décide

Che Guevara sait porter un œil critique sur la gestion étatique : «Les débuts de notre Etat révolutionnaire et les premières étapes de notre gestion gouvernementale restaient fortement imprégnés des tactiques de la guérilla. [...] Des guérillas administratives occupaient tout l'appareil, se heurtaient sans cesse, ordres et contrordres se succédaient. Les lois s'interprétaient différemment selon les organismes qui édictaient leurs propres décrets au mépris de l'appareil central de direction. [...] Comme antidote, nous avons organisé les puissants appareils bureaucratiques qui caractérisent la première construction de notre Etat socialiste, mais le décalage était trop grand et toute une série d'organismes, à commencer par le ministère de l'Industrie, ont entamé une politique de centralisation des opérations, freinant exagérément l'initiative des administrateurs.»

..c.001) portraits,of Che with his famous cigar,
.ster of Industry in Cuba in 1963. Photo @ Rene

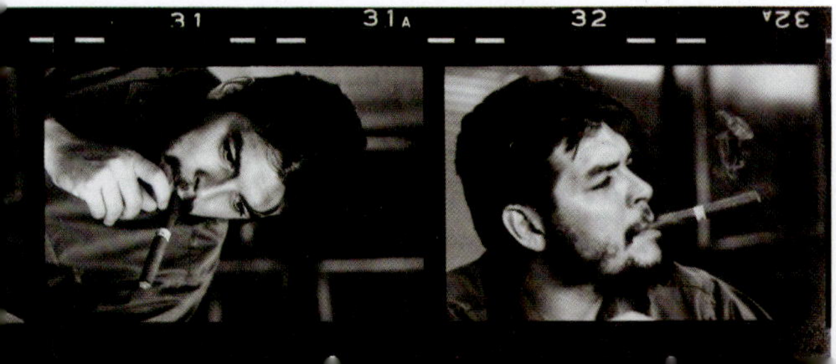

des besoins collectifs. Ce postulat affecte l'ensemble de l'organisation de l'économie des finances et le comportement des acteurs sociaux. Ainsi, l'entreprise et son fonctionnement sont dépourvus de critère de rentabilité, tout comme la banque qui doit assurer à leur financement.

Ministre de l'Industrie à partir de 1961, il se heurte aux «gestionnaires» Mora et Rodriguez, ses homologues au Commerce extérieur et à l'Agriculture. Ces derniers estiment que, en phase transitoire vers le communisme, l'économie aussi bien que les hommes ont nécessairement besoin d'évoluer selon des critères faisant la part de leurs besoins présents et non sur des plans théoriques encore inaccessibles.

L'originalité de sa pensée économique s'affirme sur la question des stimulants matériels et moraux attribués aux travailleurs. Pour le Che, ces récompenses, à l'image de la rémunération, sont concédées uniquement dans la phase transitoire vers le communisme. Elles ne sont attribués que collectivement sous forme de services (places dans un centre culturel ou sportif) et non d'argent.

«Homme-loup, non ! Homme nouveau, oui !»

Le 22 novembre 1963, jour de l'assassinat de Kennedy, le Che amorce l'électrification de l'île. Dans un discours tenu à cette occasion, il lance une formule : «*Hombre lobo, no ! Hombre nuevo, si !*» Voilà donc, exprimée dans un slogan lapidaire, la projection de l'être idéal, l'«Homme nouveau» évoluant dans la

Pour créer cet «Homme nouveau, l'homme du troisième millénaire», cher à la pensée du Che, «le Parti devra se constituer en organisation d'avant-garde. Pour cela, il lui faut être exemplaire, composé de cadres de qualité», écrivait-il depuis l'Afrique, en 1966. S'il fallait aujourd'hui donner un visage à ce modèle idéal, Dariel Alarcon Ramirez, dit Benigno, pourrait prêter les siens. A dix-sept ans, totalement analphabète, il compte parmi les rebelles qui ont rejoint les fidélistes dans la Sierra Maestra. Sous la férule du Che, il passe tous ses «examens» et, après le triomphe de la Révolution, fait carrière dans l'armée où il atteint le grade de colonel. A l'âge de quarante-cinq ans, il décide de passer une licence d'histoire, en hommage à son mentor, et vient récemment de publier le récit de leur épopée bolivienne : il est l'un des trois survivants du combat du Che.

société idéale. A qui ou à quoi ressemble-t-il, comment le bâtir ?

Par-dessus tout, en éduquant ses semblables, en leur donnant le goût du partage, de l'effort communautaire, la satisfaction du devoir accompli. Que n'a-t-il harassé ses collègues de la Banque Centrale, notamment, les forçant de se joindre à lui, les dimanches dès l'aube, pour couper la canne à sucre ! S'il ne cache pas son ennui profond à accomplir des tâches monotones, il y voit cependant le lien indispensable entre le travail manuel et intellectuel, le moyen d'abolir les barrières qui les séparent. Pour lui, contrairement à Bettelheim, «le développement de la conscience fait plus pour le développement de la production que le stimulant matériel». Son «Homme nouveau» vit d'abord pour la société dans laquelle il évolue et non centré sur lui-même. Ainsi son travail n'a pas à être comparé à celui du voisin car le travail est économiquement abstrait. Sa rémunération doit être calculée sur ses besoins matériels, eux-mêmes définis collectivement par le Plan.

Très critique envers les dirigeants cubains et leurs réalisations, René Dumont, le père de l'écologie en France, conclut cependant en 1965 : «La Révolution s'est réalisée tout d'abord dans la joie. Elle a redonné la dignité à une grande masse de travailleurs, jusque-là tellement méprisés. [...] L'effort d'alphabétisation est unique au monde.»

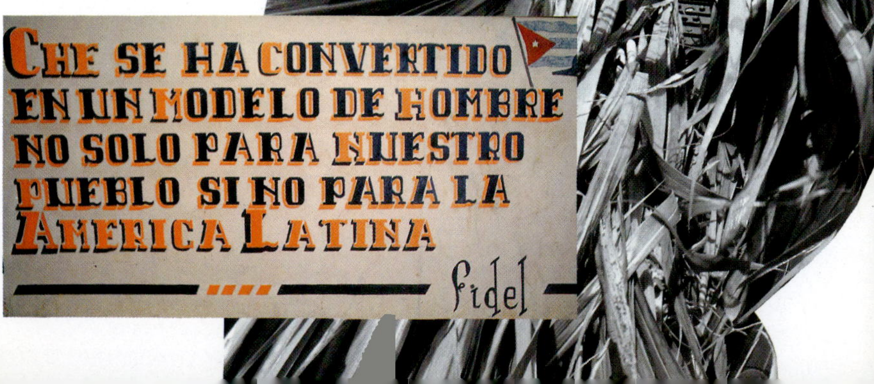

Le Che montre qu'il peut passer aux travaux pratiques et payer de sa propre personne. Outre le travail aux champs, dans les mines (ci-contre) ou en atelier, il sait aussi bricoler un vieux tracteur pour le transformer en machine à couper la canne à sucre (en haut, à droite), et mieux encore apostropher certains de ses collaborateurs qui se rendent aux séances de travail volontaire en voiture : «Alors ! les vice-ministres vont aux champs avec l'essence du peuple et leurs chauffeurs.» Tous ces efforts consentis bon gré mal gré par les dirigeants au début de la Révolution n'ont cependant pas eu les effets escomptés, l'agriculture restant affaire de techniciens, comme le rappelle René Dumont : «La transformation de rizières en pâturages artificiels dans ce pays où la production de riz, aliment essentiel, était tombée de moitié entre 1959 et 1964, appelle de sérieuses réserves. Quant à se vanter [comme le fait Fidel Castro] d'élever trente-cinq millions de faisans, alors qu'on manque de tubercules, il faut avoir perdu le sens des priorités.»

S'affranchir de l'URSS

Le 4 novembre 1964, Che Guevara est à Moscou pour le 47e anniversaire de la Révolution. Voyage obligé. Voyage diplomatique incontournable pour le dirigeant cubain qu'il est. Mais voyage à l'arrière-goût amer pour l'esprit libre qu'il est aussi. Il comprend que Fidel puisse juger vitales ses relations avec le Kremlin, mais il estime depuis quelque temps déjà qu'il s'agit de ne pas rester à la merci des Soviétiques et que la juste attitude consisterait pour Cuba à se rapprocher du bloc neutraliste, de ces pays socialistes indépendants de l'URSS.

Le 9 décembre, Ernesto s'envole pour New York où il va défendre les intérêts de Cuba à l'ONU. Il profite de son intervention pour décocher un petit trait à l'adresse de l'URSS : «Nous voulons construire le socialisme, nous nous sommes déclarés comme faisant partie du groupe des non-alignés. Parce que, outre le fait que nous soyons marxistes, les non-alignés comme nous luttent contre l'impérialisme.»

Le Che est seul. Fidel ne le suit pas dans sa défiance envers le grand frère russe. Ernesto sait désormais que son destin l'appelle ailleurs. Il sait que les liens nouveaux qu'il doit tisser sont avec les pays du tiers monde qui portent en eux les ferments de la Révolution. En particulier avec l'Afrique, dont il pense qu'elle est «un terrain quasi vierge pour l'invasion néo-coloniale». A l'évidence, il a profité de

Vers la solitude : à l'ONU (à gauche), le Che s'en prend aux impérialistes ; à Alger (ci-dessus), il attaque l'URSS.

son passage dans l'enceinte des Nations unies pour resserrer les liens avec les Africains et préparer la suite de son voyage.

Le discours d'Alger

Le 17 décembre 1964, Ernesto quitte New York pour le continent africain. D'abord Alger, puis le Mali, le Congo, la Guinée, le Dahomey, le Ghana où il lance au président Nkrumah : «L'Afrique, l'Amérique latine et l'Asie devront s'unir avec les pays socialistes pour lutter contre l'impérialisme.» Fin janvier, il regagne sa base d'Alger où il résume pour le journal *Alger-Soir* son voyage : «L'Afrique était malade, elle est aujourd'hui convalescente et elle se soigne. Son infirmité était le colonialisme et ses risques de rechute viennent du colonialisme.»

Le 24 février 1965, il participe à Alger au deuxième séminaire afro-asiatique. Il y tient un discours qui va faire date dans ses relations avec l'Union soviétique, et donc avec Fidel : «[Les Soviétiques] marchandent leur soutien aux révolutions populaires au profit d'une politique étrangère égoïste, éloignée des grands objectifs internationaux de la classe ouvrière. [...] Il ne peut exister de socialisme, si dans les consciences ne

Ahmed Ben Bella avec lequel le Che prépare son fameux discours d'Alger (à gauche) où il met ouvertement en cause la politique soviétique, écrira, dans un texte lu par sa femme le 9 octobre 1987 à Athènes à l'occasion du vingtième anniversaire de la mort du Che : «Entre Cuba et l'Algérie, s'instaure un troc [en 1965], un troc à caractère non commercial, placé sous le signe du don et de la solidarité et qui, au gré des circonstances et aussi des contraintes, fut un élément original de nos relations avec la Révolution cubaine. [...] Ce nouveau type d'échanges qui bousculait toutes les conceptions mercantiles des relations internationales [...] fut aussi pratiqué avec d'autres pays, comme l'Egypte de Nasser, le Mali de Modibo Keïta, la Guinée de Sékou Touré, la Tanzanie de Nyerere, le Congo de Massemba-Debat ou le Ghana de Nkrumah. Nous donnions mais nous avons également beaucoup reçu. [...] Ce système de troc plaisait beaucoup au Che car il était basé sur l'amitié sincère. [...] Le Che considérait que le maillon faible de l'impérialisme se trouvait sur notre continent et qu'il devait désormais y consacrer ses forces.»

s'opère pas un changement qui suscite une nouvelle attitude fraternelle. [...] Comment peut-on parler de "bénéfice mutuel" quand on vend au prix du marché mondial les matières premières produites par la sueur et la souffrance sans limite des pays pauvres et qu'on achète au prix du marché mondial les machines fabriquées par les grandes usines automatisées modernes ? Si un tel type de relation s'instaure entre les différents groupes de nations, il faut en conclure que les pays socialistes sont, d'une certaine manière, complices de l'exploitation impérialiste.»

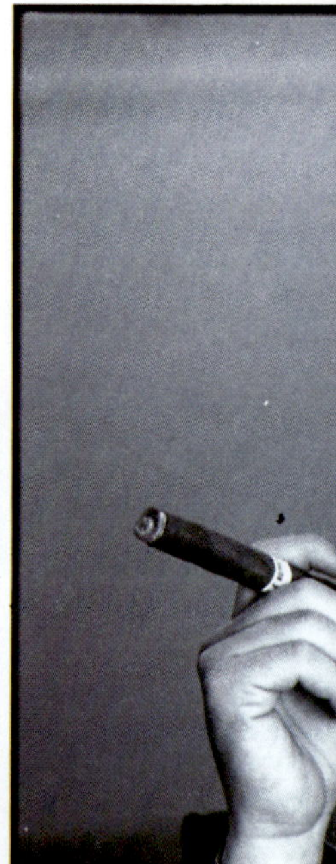

Pour préserver Castro des sarcasmes soviétiques à son sujet, le Che renonce à sa citoyenneté cubaine.

Un discours qui s'inscrit en faux contre le «réalisme politique» à la soviétique et qui néanmoins témoigne d'un sens aigu de la réalité : l'URSS, en effet, compte ses devises et négocie, en achat de millions de quintaux de céréales, l'avantage de

coexister pacifiquement avec les *brokers* de New York et Chicago. Reçu à Moscou comme un camouflet et immédiatement suivi d'une réprimande à La Havane, le discours d'Alger marquera le point de rupture entre le Che et Fidel Castro.

Fin mars 1965, les deux *barbudos* s'enferment deux jours et deux nuits durant. Le Che ne peut ni ne veut rester à Cuba. Il ne le peut, car il grève Fidel de son poids qui désormais dérange Moscou. Il ne le veut, car il est prévu dans le contrat moral passé entre les deux chefs qu'Ernesto Guevara reprenne la route pour combattre sous d'autres cieux.

« Ayons toujours une grande dose d'humilité, une grande dose de goût de la justice et de la vérité pour ne pas tomber [...] dans des dogmes extrémistes, dans l'aliénation des masses. Il faut lutter pour que cet amour envers l'humanité vivante se transforme en faits concrets, en actes qui aient valeur exemplaire. »

Che Guevara, 1966

CREAR DOS,
TRES,
MUCHOS
VIETNAM

Le 20 avril 1965, à la fin d'une journée qu'il a consacrée à couper la canne à sucre, Fidel Castro répond à la presse qui s'inquiète de savoir où est passé le Che : «La seule chose que je peux vous dire à son sujet est qu'il sera toujours présent là où il pourra être le plus utile pour la Révolution.»

CHAPITRE IV
LA FIN DU PETIT CONDOTTIERE DU XXe SIÈCLE

Qu'on ne s'y trompe pas, l'affiche au style naïf si typique de l'art pictural cubain n'altère en rien la force du mot d'ordre : porter le fer et le feu partout dans le monde et simultanément. Il s'agit d'éparpiller les forces de répression de l'impérialisme – David contre Goliath – pour mieux l'abattre.

«Je sens de nouveau, sous mes talons, les côtes de Rossinante»

Les bruits les plus rocambolesques circulent sur la disparition du Che. On le prétend en Chine, dans un asile d'aliénés au Mexique, on dit qu'il a été éliminé à Saint-Domingue… En réalité, il se prépare à partir pour le Congo. Il rédige plusieurs lettres, à l'adresse de ses parents, de Fidel, de ses proches. A ses parents, il écrit : «Je sens de nouveau sous mes talons les côtes de Rossinante, je reprends la route, mon bouclier sous le bras. […] Je crois en la lutte armée comme unique solution pour les peuples qui veulent se libérer, et je suis conséquent avec mes croyances. […]Maintenant, une volonté que j'ai polie avec une délectation d'artiste soutiendra des jambes molles et des poumons fatigués. J'irai jusqu'au bout.»

"CREAR DOS, TRES... MUCHOS VIETNAM, ES LA CONSIGNA"
Che

¡Hasta la victoria siempre!

Homme de pouvoir n'est pas son fait. N'avouait-il pas, en français dans le texte : «Les honneurs, ça m'emmerde!» Son éternel uniforme vert olive n'était pas pour lui l'uniforme de la parade mais celui du guérillero.

En revanche, pour l'homme qui illustrait le mieux l'aphorisme bergsonien «il faut agir en homme de pensée et penser en homme d'action», la tournure prise par l'action gouvernementale dirigée par Fidel est difficilement acceptable. Que de camouflets en effet : l'édifice économique, jamais stabilisé, a viré au «calcul économique», les alliances avec les pays qui théoriquement avaient le même intérêt que Cuba, se sont engourdies dans une rhétorique hypocrite, leurs acteurs s'adonnant à des comptes d'apothicaire au lieu d'emprunter la voie de la solidarité contre l'impérialisme.

Il écrit à Fidel, dans une lettre que celui-ci ne rendra publique que le 3 octobre 1965 : «Je renonce

Après ses six années passées au pouvoir à chercher la juste voie qui doit mener à la société idéale, les déceptions du Che sont grandes et le terrain plus miné encore que les sentiers de la guérilla. Amer envers les Soviétiques, il s'efface mais n'en pense pas moins. Son frère Roberto, avocat à l'élégance sobre, rappelait (dans une conversation privée en octobre 1995 à Buenos Aires) que le Che était convaincu que le système soviétique était voué à s'effondrer. Dans les années 1960 et jusqu'à après sa mort, la presse cubaine occultera les théories politiques du Che, se contentant de le figer dans son unique rôle de guérillero.

formellement à mes charges dans la direction du Parti, à mon poste de ministre, à mon grade de commandant, à ma condition de Cubain. Rien de légal ne me lie plus à Cuba; seuls des liens d'une autre nature qui ne peuvent être détruits comme des papiers officiels. [...] D'autres terres dans le monde réclament la contribution de mes modestes efforts. Je peux faire ce qui t'est refusé, du fait de tes responsabilités à la tête de Cuba, et l'heure est venue de nous séparer.»

En las guerrillas bolivianas

La guerre de guérilla, une méthode

Le Che a décidé de partir faire ce qu'il sait faire mieux que quiconque avec une «délectation d'artiste», selon ses propres termes : la guerre dans le maquis au nom des cœurs brûlés de désespérance, des esprits affamés de dignité. Il a d'ailleurs publié deux ans plus tôt, en 1963, un traité sur ce sujet : *La Guerre de guérilla, une méthode*. Son constat est le suivant : il est inutile d'attendre l'étape de la révolution nationalo-bourgeoise comme le préconisent les «orthodoxes».

Les causes ne manquent pas pour un «soldat» qui s'offre à libérer les peuples de l'oppression. Exemple entre tous insupportable, l'Afrique du Sud où l'apartheid s'affiche en manifestation légale du racisme. Le Che cependant n'ira pas délivrer Nelson Mandela. D'autres pays africains, minés par le néo-colonialisme, offrent un profil plus proche de son analyse. L'émoi partout en Afrique est grand : à Accra, au Ghana, la foule (ci-contre) réclame vengeance de l'assassinat de Lumumba, l'ami du peuple.

Allumer, deux, trois, plusieurs Viêt-nam

Comment briser l'appareil d'Etat oligarchique, se demande le Che dans son ouvrage théorique ? Par la lutte armée certes, mais ce n'est pas suffisant. Il faut créer une armée populaire, car les populations paysannes, de par leur condition sociale, sont motivées. Connaissant parfaitement le terrain, elles sont précieuses pour s'acquitter de tâches d'information et de transmission. Cela suppose-t-il l'impossibilité d'une révolution urbaine et ouvrière ? Non : dans l'expérience cubaine, la classe ouvrière a joué un rôle important au cours d'opérations de sabotages économiques et militaires, d'organisation de grèves. C'est la sociologie propre à chaque pays qui détermine les rôles de chacun. Enfin, il faut pour abattre l'impérialisme procéder dans le monde comme sur le terrain : ouvrir plusieurs fronts à la fois. C'est le mot d'ordre qui, en 1966, fleurit un peu partout dans le monde, repris par la jeunesse : «Allumer deux, trois, plusieurs Viêt-nam».

Au Congo

En accord avec Fidel qui ménage les intérêts soviétiques, le Che a choisi le Congo belge pour tenter d'y allumer un Viêt-nam en Afrique. C'est en fait l'élimination, en

1961, de Patrice Lumumba, dirigeant tiers-mondiste respecté par la jeune Révolution cubaine, qui a motivé son engagement. Terre africaine, «vierge d'invasion néo-coloniale», loin des Amériques et de l'Asie surpeuplée et complexe, le Congo, qui venait d'accéder à l'indépendance, était déjà en proie aux déchirements de la guerre civile.

Les préparatifs de départ du Che, prévu pour avril 1965, se réalisent avec l'appui des services secrets cubains. Dès janvier, des soldats sont concentrés à Cuba, dans une caserne de Pinar del Rio. Cent cinquante environ, qui ont tous pour point commun d'être noirs de peau. C'est sous le nom de Tato («trois» en swahili : bien que responsable des opérations, le Che était le numéro trois de la hiérarchie, les deux premiers étant des Cubains noirs) que Che Guevara va diriger pendant onze mois l'expédition africaine. Le but n'est pas pour les Cubains de combattre mais de préparer et de former des guérilleros. Le séjour africain du Che s'étire jusqu'en mars 1966 et tourne court faute d'unités révolutionnaires. Lorsque le Che et ses hommes réintègrent La Havane, ils ont néanmoins allumé une mèche lente en vue d'«explosions» futures, notamment au Mozambique et en Angola.

Le dernier départ

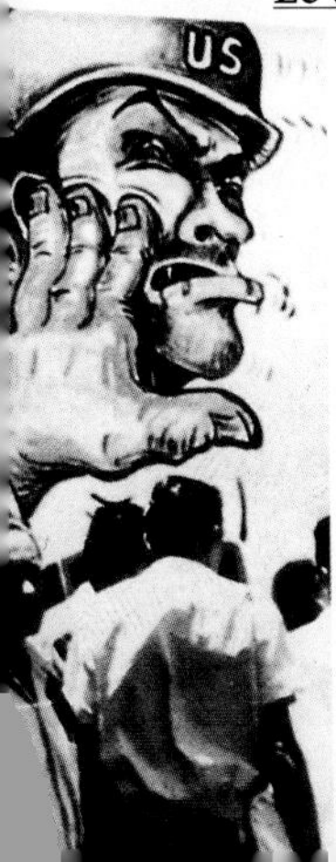

Vient l'heure d'un nouveau départ, le dernier. Pour la Bolivie. Tout semble en place pour que le Che prenne la direction d'une vaste opération destinée à embraser l'Amérique du Sud pour la libérer du joug nord-américain. Le choix de ce pays s'est imposé par sa position géographique – il est la cage thoracique de l'Amérique Latine. Il s'agit de créer une école pour former les guérilleros venus des pays voisins, afin de pouvoir porter le feu de la Révolution partout. Sur ses 1 098 500 km², la Bolivie compte moins de cinq millions d'habitants, dont

Au Congo le «toubib» épaule le Che pour rallier les populations qui

l'appellent «Muganda», celui qui soulage. Pour mieux les comprendre, il apprend le swahili d'un jeune Congolais auquel il apprend l'espagnol, tous deux communiquant en français. Il veille en outre à ce que ses hommes respectent les us et coutumes du pays. De l'Afrique, il dira : «Elle offre la caractéristique d'être un terrain quasi vierge pour l'invasion coloniale. Il s'y est produit des changements qui, d'une certaine manière, ont obligé les pouvoirs néo-colonialistes à rompre avec leurs anciennes prérogatives absolues. Les Etats-Unis, qui n'ont pas eu de colonies dans cette partie du monde, s'activent maintenant pour pénétrer dans les anciennes chasses gardées de leurs alliés.»

les trois quarts sont regroupés dans un dixième du pays. Cela laisse de la place à la guérilla pour s'implanter, ouvrir un nouveau «Territoire libre» qui jouerait le même rôle que la Sierra Maestra pour la Révolution cubaine.

Dans les cinq pays qui cernent la Bolivie – le Pérou, le Paraguay, le Brésil, l'Argentine et le Chili –, une organisation est déjà en place, prête à fonctionner. Des chefs de guérilla avec leurs hommes attendent le signal; ils peuvent compter sur l'appui d'Allende sénateur et chef de l'opposion au Chili. En Bolivie même, les préparatifs sont plus avancés. Soixante guérilleros boliviens sont formés à Cuba même. Mais cela coûte trop cher d'envoyer à Cuba des recrues de tous les pays car il leur faudrait transiter par l'Europe pour brouiller les pistes. Chaque chef attend donc l'ordre du Che pour faire converger ses hommes vers le coin de Bolivie choisi, au bord du rio Ñancahuasú, au sud-est du pays. C'est là que doit s'implanter la base de la guérilla et les cours de formation, prévus sur trente-cinq jours pour les recrues des différents pays. Mario Monje, secrétaire général du Parti communiste bolivien, doit signaler aux chefs des mouvements révolutionnaires des pays limitrophes l'arrivée du Che afin qu'ils puissent envoyer leurs hommes à Ñancahuasú. En réalité, totalement à la solde de Moscou qui n'a aucun intérêt à ce que l'ordre établi par les Nord-Américains soit pertubé, Monje déstabilisera les plans du Che.

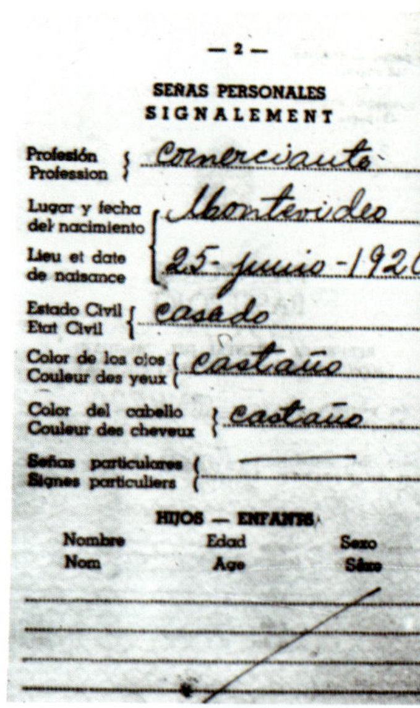
— 2 —

SEÑAS PERSONALES
SIGNALEMENT

Profesión / Profession: Comerciante
Lugar y fecha del nacimiento / Lieu et date de naissance: Montevideo 25-junio-1920
Estado Civil / Etat Civil: casado
Color de los ojos / Couleur des yeux: castaño
Color del cabello / Couleur des cheveux: castaño
Señas particulares / Signes particuliers: —

HIJOS — ENFANTS

Nombre / Nom	Edad / Age	Sexo / Sexe

A propos de Régis Debray (ci-dessus), le Che note dans son journal de Bolivie, le 3 octobre 1967 – soit six jours avant sa mort : «J'ai écouté à la radio une interview de Debray (durant son procès); il a été très courageux lorsqu'il fut confronté aux provocations d'un étudiant.»

En Bolivie

Le 3 novembre 1966, porteur d'un passeport uruguayen au nom d'Adolfo Gonsalès Mena, Ernesto Guevara se présente à l'aéroport de La Paz. Son visage vieilli et méconnaissable lui donne l'air d'un intellectuel chauve portant lunettes noires, complet sombre et cravate. Il se présente avec un ordre de mission de l'Organisation des Etats américains (OEA), spécifiant qu'il fait un voyage d'étude sur les relations

économiques et sociales en Bolivie. Le 5 à l'aube, il quitte La Paz en jeep pour rallier le Ñancahuasú.

Le Che n'aura finalement avec lui qu'une cinquantaine de combattants, dont plusieurs ne sont ni préparés ni vraiment fiables, à la place des deux cent cinquante hommes triés sur le volet prévus au départ. Aux côtés de ses fidèles Cubains, un groupe de réfractaires aux directives du PC bolivien. Deux fortes figures marqueront également l'aventure bolivienne : Tania, fille d'une Soviétique et d'un Allemand, fascinant personnage qui fut le guide d'Ernesto à Moscou avant de devenir agent secret du Parti communiste cubain puis de rejoindre la guérilla ; Régis Debray, journaliste, écrivain, philosophe, que le Che surnomme «le petit Français», connu comme «Danton» dans la guérilla.

Loin de l'image qu'offre désormais son passeport (à gauche), voici le Che à pied d'œuvre, optimiste et lucide comme à son habitude : «Les choses se présentent bien dans cette région isolée où tout indique que nous pourrons rester aussi longtemps que nous le jugerons nécessaire. Les projets sont : attendre le reste des hommes, augmenter le nombre des Boliviens au moins jusqu'à vingt et commencer les opérations.»

Fidèle à ses objectifs, le Che va tenter de répéter l'épopée de Cuba. Mais les conditions sont bien différentes. Les paysans boliviens, bénéficiant des avantages d'une récente réforme agraire, ne sont pas des alliés aussi engagés que l'étaient ceux de l'île cubaine. Et surtout, ils sont très peu nombreux dans cette région, choisie parce qu'elle était quasi inhabitée. En outre, les guérilleros n'ont pu récolter que peu d'informations politiques à leur sujet.

Le 7 novembre, le Che ouvre son journal sur un agenda de couleur rouge. Jusqu'au 7 octobre 1967, il y décrit les conditions de survie des guérilleros, au jour le jour, dans le chaco bolivien. Ses propos sont très en rapport avec le but de sa présence en Bolivie. Il n'y est question que de former des guérilleros pour enflammer le continent. C'est parce qu'il est trahi qu'il devra affronter l'armée bolivienne et se défendre au lieu d'attaquer dès qu'il l'aurait jugé opportun. En Bolivie, il subit.

Ces photographies, prises dans les environs du rio Ñancahuasú font partie des documents fournis à ses homologues Sud-américains par le ministre bolivien des Affaires étrangères, Walter Guevara-Arze, pour prouver l'implication cubaine dans les tentatives de déstabilisation de l'Amérique latine.

Premières actions

Le 1er février, vingt-sept hommes (quinze Cubains et douze Boliviens) partent explorer la région nord, vers le Rio Grande. L'expédition s'étirera sur six semaines au lieu des deux prévues. Pendant ce temps, le Che transforme le précaire campement du Ñancahuasú en une base habitable, avec des planques souterraines où seront amassées armes et nourriture ; il y remet même en marche un four à pain et s'initie à la langue quéchua.

Le 11 mars, l'un des Boliviens recrutés, Pastor Barrera Quintana, dit Daniel, déserte et vend la mèche de la révolution à l'armée loyaliste. Ainsi La Paz apprend-elle à la fois la présence de la guérilla, ses intentions et surtout le nom de son chef, un certain Ramon.

Résultat : Régis Debray et un Argentin, Ciro Bustos, sont pris. Ce dernier ira jusqu'à dessiner les visages des guérilleros pour aider l'armée. Quant à Danton-Debray, il écopera de trente ans de prison.

Le 23 mars, cri de joie du Che : il apprend qu'une colonne ennemie vient de tomber dans une embuscade. Mais quinze jours plus tard, le campement est localisé par l'armée qui a utilisé comme guide les déserteurs. Elle découvre au campement de base le journal d'un des guérilleros. Le Che est contraint de changer son

pseudonyme Ramon pour celui de Fernando. Ce qui était une base arrière se retrouve brusquement en première ligne de la guérilla. Le 10 avril, les guérilleros manquent de capturer le président Barrientos, passé, sans le savoir, tout près d'eux. En mai, dix ennemis capturés sont relâchés alors que de nombreux paysans sont torturés par les soldats de Barrientos. L'effectif militaire, pour régler son compte à la guérilla, est porté à près de cinq mille hommes. Un autre front politique s'ouvre : les districts miniers sont déclarés «Territoire libre» par les ouvriers. Le 24, l'armée occupe les mines d'étain alors que les mineurs venaient de décider de soutenir la guérilla. Les soldats ouvrent le feu sur les grévistes et tuent vingt-six personnes. Près de deux cents mineurs seront expédiés dans des camps. C'est le massacre de la Saint-Jean.

Arrêté, Ciro Bustos n'hésite pas à trahir tous ses compagnons de guérilla et à collaborer avec les forces de répression, notamment en faisant le portrait de ses compagnons (Benigno en haut, Ramon [le Che] à gauche et Chang ci-dessus).

Pacte avec la mort

En juillet, avec la prise de Samaïpata, situé à 120 km de La Paz sur un axe majeur, la guérilla porte un rude coup au gouvernement. Fin août, le commandant en chef des bases américaines situées au sud des Etats-Unis arrive à La Paz, accompagné de deux autres généraux et de plusieurs colonels. Mission : évaluer la guérilla et la situation militaire dans le pays. Mais si l'état de déstabilisation du pays est réel, la guérilla, elle, va mal. La main mise de l'armée sur leurs documents confidentiels, la perte (dont celle de Tania) ou la trahison de plusieurs hommes, la non-participation des paysans ont fait chuter le moral des troupes du Che. Le 31 septembre, sept guérilleros sont tués lors du franchisement du Rio Grande. Ce jour-là un pacte avec la mort est signé : le Che propose à ses compagnons de poursuivre la lutte ou de se démettre car il sait que l'issue ne peut être que fatale. Tous, sauf un, choisissent de rester. Sans nourriture, sans médicaments avec quatre blessés et cinq malades.

Dans son journal, daté du 7 octobre, le Che rapporte, laconique : «Nous sommes partis les dix-sept, sous un faible clair de lune et la marche a été très pénible. [...] L'armée a donné une information bizarre au sujet de la présence de deux cent cinquante hommes à Serrano pour empêcher le passage de trente-sept guérilleros encerclés ; elle a situé la zone où nous sommes réfugiés entre les rios Acero et el Oro. La nouvelle a l'air d'une diversion.»

Suite à la découverte de leur camp de base, en juillet 1967, les guérilleros ont entamé une longue marche dont le Che fait ainsi état : «La perte de toutes les caves avec les

documents et les médicaments qui s'y trouvaient a été un coup dur, surtout sur le plan psychologique. La perte de deux hommes à la fin du mois et la marche qui a suivi, à coup de viande de cheval, a démoralisé les hommes et le premier cas d'abandon [...] s'est posé.»

Le dernier combat

En ce 8 octobre 1967, quand les dix-sept guérilleros arrivent, alors que le soleil apparaît à l'endroit où les deux versants du cañon du Churo (les Cubains qui ont l'habitude de contracter les mots l'appellent et l'écrivent «Yuro») se rejoignent, ils cherchent sur les hauteurs un passage par où s'échapper. Impossible. Les sommets sont pelés, donc infranchissables. Quelques heures plus tôt, ils ont été dénoncés par un paysan. A présent, ils sont encerclés. Deux compagnies de rangers comptant cent quarante-cinq hommes chacune et un escadron de trente-sept soldats, soit trois cent vingt-sept gachettes au total, encadrés par des conseillers nord-américains. D'autres compagnies dans la région ont également reçu l'ordre de faire route vers le ravin du Churo.

Comme il n'est pas question de revenir en arrière ni d'avancer, le Che prend la décision de se cacher dans un petit cañon latéral et de prendre position. Il est

« Nous sommes toujours sans aucune espèce de contact et sans espoir d'en établir prochainement. Nous n'avons toujours pas obtenu de participation des paysans. [...] Le moral des combattants baisse, momentanément j'espère. L'armée n'accroît pas son efficacité ni sa combativité. »

Che Guevara,
30 août 1967

huit heures passées. Il espère : «Si le combat se produit après quinze heures, et dans notre intérêt le plus tard possible, plus grandes seront nos chances car la nuit [...] est l'alliée naturelle des guérilleros.» Le combat commence avant midi. Le dénommé Aniceto, le premier à tenter de forcer le barrage, est tué sur le coup. Des avions de combat AT-6 survolent les lieux. Lorsque Guevara comprend que l'armée domine la situation, il décide de fragmenter son groupe : quatre hommes parviennent à s'échapper, couverts par le Che. Ils seront capturés le 12 octobre et exécutés.

Quand, à son tour, le Che tente de s'échapper, toutes les issues sont bouchées. Il refuse de laisser le «Chino», Chang, un guérillero péruvien sourd blessé aux pieds et qui ayant perdu ses lunettes ne voit plus. Le Che, lui-même blessé au mollet droit, s'arrête pour se faire un garrot... et tombe aux mains des rangers du sergent Bernardino Huanca. Les deux hommes, encadrés des soldats, descendront à pied, à la tombée de la nuit, sur la Higuera, village situé quelque 8 km en contrebas.

La mort du «guérillero heroïco»

Le Che, le Chino et Willy, ancien mineur bolivien, sont enfermés dans la petite école d'adobe, chacun dans une classe, à même le sol. Le 9 octobre, l'ambassadeur nord-américain à La Paz fait savoir au général Barrientos que Washington estime nécessaire d'éliminer physiquement le Che. En finir avec le Che est, pour les Etats-Unis, un vieux projet, mis sur pied par la CIA depuis la «baie des Cochons». Barrientos envoie l'ordre d'exécution qui arrive à La Higuera

Des armes par caisses entières estampillées US (à gauche), des conseillers techniques par dizaines (ci-dessus), tout est réuni pour éliminer les rebelles.

«Le Che a donné une dimension nouvelle à la révolution. Un souffle plus fort, plus frais. Il y avait quelque chose d'autre chez lui, d'une simplicité totale. Il irradiait avec une conscience et une foi dans l'homme admirables. C'est l'être humain le plus accompli que j'aie approché. Tout au long de mon temps en prison [quinze ans], une petite photo du Che mort, nu, maigre, percé de balles, le visage illuminé par sa lumière intérieure, photo que j'avais découpée dans un magazine, m'a donné de l'espoir quand dans ma vie il faisait froid.»

Ahmed Ben Bella,
témoignage recueilli
au téléphone depuis
la Suisse où il réside

vers 10 h 30. Le sous-officier Mario Teran, qui s'est pourtant porté volontaire pour accomplir cette mission, tremble de tous ses membres. En face du Che, il ne peut pas. Le Che l'encourage : «Tire, n'aie pas peur, tire!» On le force à boire. A 13 h 10, il finit par lâcher une rafale de son pistolet-mitrailleur. Il faudra un coup de grâce au cœur. Le Che meurt les yeux grand ouverts.

Transporté à l'hôpital de Valle Grande, le corps du Che est exposé le lendemain dans une morgue improvisée et des centaines de Boliviens viennent lui rendre hommage. Dans la nuit du 10 au 11, le corps est emporté jusqu'à la caserne du régiment Pando dans Valle Grande. Ensuite...

Le 9 octobre1967, Benigno, parvenu avec cinq guérilleros à se cacher, passe la journée à attendre : «J'ai avec moi un petit transistor. [...] A peine nous sommes-nous mis à l'écoute qu'ils donnent le signalement du Che. [...] Et toutes les radios que nous captons donnent la même épouvantable nouvelle : le chef guérillero Ramon est tombé au combat.»

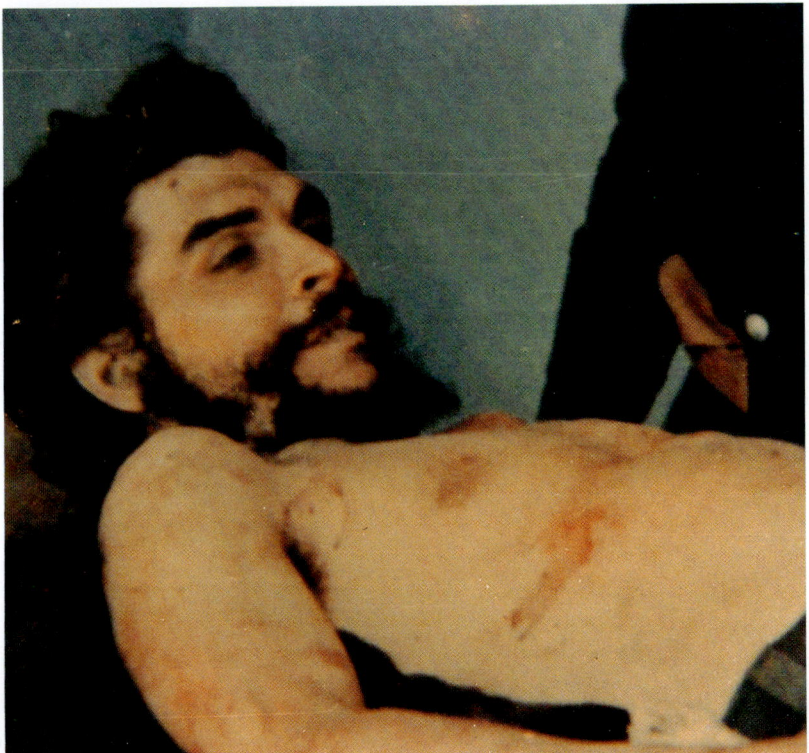

Ensuite, on ne sait pas précisément ce qu'il est advenu de la dépouille du Che. Trois versions retiennent l'attention. Le général Gary Prado Salmon soutien qu'elle aurait été brûlée. Or, on sait qu'il n'a pas assisté à la crémation. Une seconde version prétend qu'il a été jeté d'hélicoptère de l'autre côté du rio Beni, près du Brésil où l'Amazonie est la plus dense.

Enfin, la plus crédible, selon le service de contre-espionnage cubain G2 (version confirmée par le

Années 1960 et suivantes : l'engouement est lié à l'engagement. La jeunesse occidentale a trouvé dans le Che son héros pour concrétiser ses rêves.

général Mario Vargas Salinas en novembre 1995) : les restes du Che auraient été enterrés au bord de la piste d'aviation près du cimetière de Valle Grande, puis exhumés en 1992 et transportés à La Havane. Comme il était impossible de l'identifier, ils auraient, cette fois, réellement disparu. Le 15 octobre 1967, au micro de Radio-Havane, Fidel rend un bouleversant hommage à Che Guevara et institue le 8 octobre à Cuba «Journée du guérillero heroïco»

Le 18 octobre 1967, dans un discours télévisé, Fidel Castro rend hommage à Che Guevara : «Nous ne doutons pas que la valeur de ses idées, de ses idées comme homme d'action, de pensée, de vertus morales, de sensibilité, ont et auront une valeur universelle.»

TÉMOIGNAGES ET DOCUMENTS

En voyage

Partis sur une vieille Norton à la découverte des immenses espaces et des foules déshéritées du continent sud-américain, Ernesto Guevara et Alberto Granado tiennent l'un et l'autre un journal, dans lequel ils consignent leurs impressions, témoignages et anecdotes parfois picaresques d'un voyage peu banal pour l'époque et qui marquera d'une empreinte indélébile la vie de Che Guevara.

Au Venezuela, terme de l'équipée avec son ami, Ernesto Guevara reçoit ce qu'il appelle la «révélation» de la bouche d'un Européen révolutionnaire et mystique, qui disparaît aussitôt son discours achevé.

Les étoiles criblaient de lumière le ciel de ce village de montagne, et le silence et le froid rendaient l'obscurité immatérielle. C'était – je ne sais pas très bien comment l'expliquer – comme si toute substance solide s'était volatilisée dans l'espace éthéré qui nous entourait, nous enlevait notre individualité et nous plongeait, tout transis, dans l'immense nuit. […]

Le visage de l'homme disparaissait dans l'ombre, il n'en émergeait, comme des étincelles, que ses yeux et la blancheur des quatre dents de devant. Je ne sais toujours pas si c'est l'atmosphère que dégageait cet individu ou sa personnalité, qui m'ont préparé à recevoir la révélation, mais je sais que ces arguments, je les avais souvent entendus avancés par plusieurs personnes, sans qu'ils ne m'aient jamais impressionné. En fait, c'était quelqu'un d'intéressant que notre interlocuteur. Tout jeune, il avait fui un pays d'Europe pour échapper au couteau dogmatique, il avait goûté à la peur (l'une des rares expériences qui font apprécier la vie), et puis, roulant sa bosse de pays en pays, accumulant toutes sortes d'aventures, il avait atterri dans cette région éloignée

Ernesto Guevara (au milieu au premier plan) à bord du radeau *Manbo-Tango,* Pérou, juin 1952.

où il attendait patiemment l'heure du grand événement.

Après les quelques banalités d'usage et les lieux communs par lesquels chacun définit sa position, au moment même où la discussion languissait et où nous étions sur le point de nous séparer, il laissa tomber, avec son rire d'enfant espiègle qui l'accompagnait toujours et accentuait la disparité de ses quatre incisives antérieures, la phrase suivante : «L'avenir appartient au peuple qui, pas à pas ou d'un seul coup, va conquérir le pouvoir, ici et partout sur la terre. L'ennui c'est qu'il doit se civiliser, et cela ne peut se faire qu'après avoir pris le pouvoir, pas avant. Il ne se civilisera qu'en reconnaissant le prix de ses propres erreurs, qui seront très graves et coûteront beaucoup de vies innocentes. Peut-être d'ailleurs qu'elles ne seront pas si innocentes que cela, car elles auront commis l'énorme péché *contra natura* qui consiste à manquer de capacité d'adaptation. Toutes ces victimes, tous ces inadaptés, vous et moi par exemple, mourront en maudissant le pouvoir qu'ils ont contribué à établir au prix de sacrifices parfois immenses. Car la révolution, sous sa forme impersonnelle, leur ôtera la vie et se servira de leur souvenir comme exemple et comme instrument de domestication de la jeunesse montante.

Mon péché est plus grave, car moi, le plus subtil ou le plus expérimenté, appelez-ça comme vous voulez, je mourrai en sachant que mon sacrifice obéit à l'obstination d'une civilisation pourrie qui s'écroule. Je saurai également, sans que le cours de l'histoire ou l'impression personnelle que vous aurez de moi ne change pour autant, je saurai que vous allez mourir le poing tendu et la mâchoire serrée, parfaites illustrations de la haine et du combat, car vous n'êtes pas un symbole ou quelque chose d'inanimé que l'on prend pour exemple, vous êtes un membre authentique de la société qui s'écroule : l'esprit de la ruche parle par votre bouche et agit à travers vos actes. Vous êtes aussi utiles que moi, mais vous ignorez l'utilité de votre apport à la société qui vous sacrifie.»

J'ai vu ses dents et la grimace espiègle avec laquelle il devançait l'Histoire, j'ai senti sa poignée de main et, comme un murmure lointain, son protocolaire au revoir. La nuit, repliée au contact de ses paroles, m'enserrait à nouveau, me confondait avec elle. Mais malgré ses paroles, je savais maintenant… je savais qu'au moment où le grand esprit directeur porterait l'énorme coup qui diviserait l'humanité en à peine deux factions antagonistes, je serais du côté du peuple. Et je sais, car je le vois gravé dans la nuit, que moi, l'éclectique disséqueur de doctrines et le psychanalyste de dogmes, hurlant comme un possédé, je prendrai d'assaut les barricades ou les tranchées, je teindrai mon arme dans le sang et, fou furieux, j'égorgerai tous les vaincus qui tomberont entre mes mains. Et comme si une immense fatigue réprimait ma récente exaltation, je me vois tomber, immolé à l'authentique révolution qui standardise les volontés, en prononçant le *mea culpa* édifiant. Je sens déjà mes narines dilatées, savourant l'âcre odeur de la poudre et du sang, de la mort ennemie. Je raidis déjà mon corps, prêt à la bataille et je prépare mon être comme une enceinte sacrée pour qu'y résonne, avec de nouvelles vibrations et de nouveaux espoirs, le hurlement bestial du prolétariat triomphant.

Ernesto Che Guevara,
Latino America, Journal de Voyage,
Austral, 1994

Un scoop exemplaire

En février 1957, le New York Times *envoie à Cuba Herbert L. Matthews. Il en revient avec la preuve de la présence des guérilleros dans la Sierra Maestra, une évidence que Batista s'obstine à tenir cachée, au prix même d'une censure exemplaire. Le journal américain riposte, alignant ses preuves.*

The New York Times.

La pièce à conviction : Matthews et Castro dans la Sierra Maestra.

Dimanche 24 février 1957
Une visite au repaire du rebelle cubain. Castro est toujours vivant et poursuit la lutte dans les montagnes

Voici le premier d'une série de trois articles écrits par un correspondant du New York Times *à son retour d'un voyage à Cuba.*

Fidel Castro, le leader de la rébellion de la jeunesse cubaine, est vivant et il combat âprement, non sans succès, dans les hauteurs rocailleuses et quasiment inexpugnables de la Sierra Maestra, à l'extrémité méridionale de l'île.

Le président Fulgencio Batista a fait cerner la région par la crème de son armée, mais c'est une bataille pour l'instant perdue que livrent les soldats dans le but d'anéantir l'ennemi le plus dangereux que le général Batista ait jamais eu à affronter dans sa longue et aventureuse carrière de dirigeant et de dictateur cubain.

C'est la première fois que l'on peut être sûr que Castro est vivant et qu'il est toujours à Cuba. Pas une seule personne en contact avec le monde extérieur, sans parler des journalistes, n'avait pu voir señor Castro, à l'exception de l'auteur de ces lignes. Personne à La Havane, pas même à l'ambassade des Etats-Unis malgré toutes les ressources dont elle dispose pour obtenir des informations, ne saura avant la publication de cet article que Fidel Castro est bel et bien vivant dans la Sierra Maestra.

Lundi 25 février 1957
A Cuba, les forces rebelles prennent le dessus, mais Batista garde l'avantage

Voici le deuxième des trois articles écrits par un correspondant du New York Times *à son retour d'un voyage à Cuba.*

Le président de Cuba, Fulgencio Batista, doit repousser une offensive révolutionnaire. Jusqu'à ce jour, il conserve l'avantage, et avec un peu de chance, il pourra tenir jusqu'à la fin de son mandat présidentiel qui expire en février 1959.

L'économie est prospère et la plupart des travailleurs sont satisfaits. Les récoltes de sucre, de café et de tabac sont excédentaires. Le tourisme est florissant. Les investissements américains sont généreux et le général Batista est persuadé d'avoir les Etats-Unis derrière lui. Ses hommes occupent les échelons supérieurs de l'armée et de la police et ce sont eux qui le maintiennent au pouvoir.

Cependant, le président a besoin de chance car les Cubains sont un peuple violent et surprenant, et les forces rassemblées contre le général Batista sont importantes et se renforcent de jour en jour.

Tout cela, comme bien d'autres événements, a été caché par la plus sévère des censures jamais imposée à Cuba.

Mardi 26 février 1957
A Cuba, l'ordre établi est menacé par les forces d'une révolte intérieure

Voici le dernier des trois articles d'un correspondant du New York Times*, écrits à son retour d'un voyage à Cuba.*

Le système, si corrompu, en place à Cuba est menacé pour la première fois depuis la proclamation de la république cubaine, au début de ce siècle. La lutte intérieure livrée actuellement représente plus qu'un simple combat des exclus pour être reconnu.

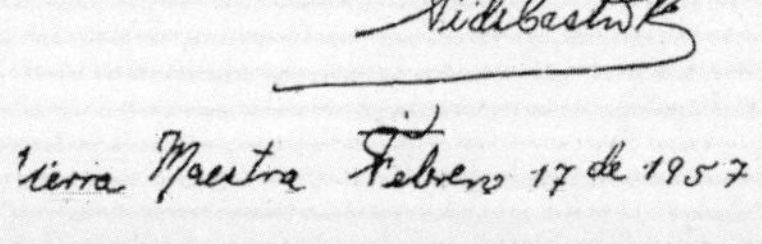

Jeudi 28 février 1957
Cuba prétend que cette histoire de rebelles est purement inventée

La Havane, 27 février – Trois articles sur Cuba publiés par le New York Times, *écrits à partir d'une entrevue avec l'un des dirigeants de la rébellion cubaine, ont été aujourd'hui qualifiés de «roman fantastique» par Santiago Verdeja, ministre de la Défense nationale.*

Déclaration du ministre de la Défense au nom du président :

Avant toute chose, laissez-moi vous assurer que selon l'opinion du gouvernement et, j'en suis sûr, du public cubain, cette entrevue et les aventures décrites par Matthews peuvent être considérées comme le chapitre d'un roman fantastique. M. Matthews n'a jamais interviewé l'insurgé procommuniste Fidel Castro et les informations obtenues proviennent de certaines sources de l'opposition.

On remarquera que Matthews a publié une photographie disant qu'il s'agissait de Castro. Il semble étrange qu'ayant eu l'occasion de pénétrer ces montagnes et d'obtenir une telle entrevue, Matthews ne se soit pas fait photographier avec l'insurgé procommuniste pour apporter la preuve de ce qu'il écrivait.

Réponse de M. Matthews

La photo, où l'on peut voir M. Matthews à gauche et señor Castro à droite, a été reproduite sur cette page. Conscients des doutes que mon histoire ferait naître, j'ai également pris la précaution de demander à Fidel Castro de signer son nom sur une feuille de papier que j'avais sur moi, en mentionnant le lieu, Sierra Maestra, et la date, 17 février.

Un discours du Che

Le discours d'Alger, texte devenu mythique, résume la vision que se faisait le Che du rapport entre le tiers monde et les pays socialistes.

Prononcé en février 1965 à la seconde conférence économique afro-asiatique d'Alger, ce discours est la dernière manifestation publique d'Ernesto Guevara en tant que ministre de l'Industrie du gouvernement cubain. Il y remet en question la nature «socialiste» du bloc soviétique, accusé d'égoïsme et de ralliement tacite aux lois du marché mondial.

Chaque fois qu'un pays se libère, avons-nous dit, c'est une défaite pour le système impérialiste mondial, mais nous devons reconnaître que cette rupture ne se produit pas du seul fait de proclamer l'indépendance ou d'obtenir une victoire par les armes dans une révolution. La liberté survient lorsque la domination économique de l'impérialisme sur un peuple cesse. C'est donc une question vitale pour les pays socialistes que ces ruptures se produisent effectivement. Et c'est notre devoir international, le devoir dicté par l'idéologie qui nous guide, de contribuer par nos efforts à la libération la plus rapide et la plus profonde. Nous devons tirer la conclusion de tout cela : le développement des pays qui s'engagent sur la voie de la libération doit être payé par les pays socialistes. Nous le disons sans aucune intention de chantage ou d'effet spectaculaire, ni en cherchant un moyen facile de nous rapprocher de tous les peuples afro-asiatiques, mais bien parce que c'est notre conviction profonde.
Le socialisme ne peut exister s'il ne s'opère dans les consciences une transformation qui provoque une nouvelle attitude fraternelle à l'égard de l'humanité, aussi bien sur le plan individuel dans la société qui construit ou qui a construit le socialisme que, sur le plan mondial, vis-à-vis de tous les peuples qui souffrent

de l'oppression impérialiste.

Nous croyons que c'est dans cet esprit que doit être prise la responsabilité d'aider les pays dépendants et qu'il ne doit plus être question de développer un commerce pour le bénéfice mutuel sur la base de prix truqués aux dépens des pays sous-développés par la loi de la valeur et les rapports internationaux d'échange inégal qu'entraîne cette loi. Comment peu-on appeler «bénéfice mutuel» la vente à des prix de marché mondial de produits bruts qui coûtent aux pays sous-développés des efforts et des souffrances sans limites et l'achat à des prix de marché mondial des machines produites dans les grandes usines automatisées qui existent aujourd'hui? Si nous établissons ce type de rapports entre les deux groupes de nations, nous devons convenir que les pays socialistes sont, dans une certaine mesure, complice de l'exploitation impérialiste. On alléguera que le volume des échanges avec les pays sous-développés constitue un pourcentage insignifiant du commerce extérieur de ces pays. C'est absolument vrai, mais cela ne change rien au caractère immoral de cet échange.

Les pays socialistes ont le devoir moral de liquider leur complicité tacite avec les pays exploiteurs de l'Ouest. Le fait que le commerce est actuellement réduit ne signifie rien. En 1959, Cuba vendait du sucre occasionnellement à un pays du bloc socialiste par l'intermédiaire de courtiers anglais ou d'autres nationalités. Aujourd'hui, 80 % de son commerce se fait avec le camp socialiste; tous les produits essentiels viennent du camp socialiste, et, en fait, elle en fait maintenant partie. Nous ne pouvons pas dire que ces revenus proviennent d'un simple accroissement du commerce, ni que le commerce a augmenté en raison de la destruction des anciennes structures et de l'engagement dans une forme socialiste de développement; les deux extrêmes se touchent et sont reliés entre eux. Nous ne nous sommes pas engagés sur la voie du communisme en prévoyant toutes les étapes comme le produit logique d'un développement idéologique qui progressera vers un but déterminé. Les vérités socialistes jointes aux dures vérités de l'impérialisme ont forgé notre peuple et lui ont montré la voie que nous avons adoptée ensuite en toute conscience. Les peuples d'Afrique et d'Asie qui iront vers leur libération définitive devront prendre la même voie. Ils l'emprunteront tôt ou tard même si leur socialisme s'accompagne aujourd'hui d'adjectifs divers.

Il n'est pour nous d'autre définition du socialisme que l'abolition de l'exploitation de l'homme par l'homme. Tant que cette abolition ne se réalise pas, nous restons au stade de la construction de la société socialiste et si, au lieu que ce phénomène se produise, la tâche de la suppression de l'exploitation s'arrête, ou même recule, alors on ne peut même plus parler de construction du socialisme. Nous devons préparer les conditions qui permettront à nos frères de prendre directement et en pleine conscience la voie de l'abolition définitive de l'exploitation, mais nous ne pouvons pas leur demander de prendre cette voie si nous sommes nous-mêmes complices de cette exploitation. […] Une conception totalement nouvelle consistera à changer l'ordre des rapports internationaux; le commerce extérieur ne doit pas déterminer la politique, mais au contraire être subordonné à une politique fraternelle à l'égard des peuples.

L'année où le Che n'était nulle part

Où était le Che en 1965? Après vingt-cinq ans, le secret est levé. Des témoins, des compagnons du Che ont parlé; le Che lui-même l'avait écrit dans un texte inédit : «Ceci est l'histoire d'un échec.» L'échec de la présence des Cubains au Congo, de l'espoir d'y susciter une guérilla. Paco Ignacio Taibo II, Froilan Escobar et Felix Guerra présentent cette année 1965.

Qu'on ne me parle plus jamais du Che!

Avant de quitter Cuba en mars 1965, pour se rendre clandestinement au Congo belge, le Che laisse un message d'adieu à Fidel Castro, faisant implicitement état de leurs divergences politiques. Fidel Castro en fera une lecture publique le 3 octobre de la même année.

Fidel,

Je me souviens de beaucoup de choses en cette heure, de la première fois où je t'ai connu chez Maria Antonia, de la fois où tu m'as proposé de venir, de toute la tension des préparatifs. De ce jour où on nous a demandé qui prévenir en cas de décès et où cette possibilité nous est soudain apparue à tous comme une réalité. Nous avons su ensuite que cela était vrai, que dans une révolution (si elle est authentique), on triomphe ou on meurt. De nombreux camarades sont restés sur le chemin de la victoire.

Aujourd'hui, tout prend un ton moins dramatique, parce que nous sommes plus mûrs, mais l'histoire se répète. Je sens que j'ai accompli la part de devoir qui me liait à la Révolution cubaine sur son territoire et je prends congé de toi, des camarades, de ton peuple qui est devenu le mien.

Je renonce officiellement à mes responsabilités à la direction du Parti, à mon poste de ministre, à mon grade de commandant, à ma condition de Cubain. Plus rien ne me rattache légalement à Cuba, seulement des liens d'une autre espèce qui, contrairement aux postes officiels, ne peuvent être cassés.

Si je regarde derrière moi, je crois pouvoir dire que j'ai travaillé avec honnêteté et constance à la consolidation de la révolution. Tout ce que je peux me reprocher, c'est de ne pas t'avoir fait encore plus confiance dès les premiers temps dans la Sierra Maestra et de ne pas avoir compris assez vite tes qualités de dirigeant et de révolutionnaire. J'ai vécu des jours magnifiques et j'ai ressenti à tes côtés la fierté d'appartenir à notre peuple tout au long des jours lumineux et tristes de la crise des missiles. Rarement un homme d'Etat a autant brillé qu'à cette occasion, et je me sens fier aussi de t'avoir suivi sans hésiter, de m'être identifié à ta façon de penser et de voir, d'apprécier les dangers et les principes. D'autres terres en ce monde réclament le concours de mes modestes efforts. Je peux faire, moi, ce que tes responsabilités à la tête de Cuba ne te permettent pas, et l'heure est venue de nous séparer.

Sache que je le fais avec un mélange de joie et de douleur; je laisse ici le plus pur de mes espoirs de constructeur et ce que j'aime le mieux chez ceux que j'aime… et je quitte un peuple qui m'a adopté comme un fils; une part de mon esprit en est déchirée. Sur les nouveaux champs de bataille, je porterai la foi que tu m'as inculquée, l'esprit révolutionnaire de mon peuple, la sensation de remplir le plus sacré des devoirs : lutter contre l'impérialisme où qu'il se trouve; voilà qui réconforte et soigne facilement n'importe quelle déchirure.

Je répète que je décharge Cuba de toute responsabilité, sauf de celle inspirée par son exemple; si sous d'autres cieux ma dernière heure vient à sonner, ma dernière pensée sera pour ce peuple et pour toi en particulier; je te remercie pour tes leçons et ton exemple et je m'efforcerai d'y être fidèle, jusqu'aux ultimes conséquences de mes actes; je me suis toujours identifié à la politique extérieure de notre révolution et c'est toujours le cas; où que je me trouve, je ressentirai la responsabilité d'être un révolutionnaire cubain et j'agirai en conséquence; je ne laisse aucun bien matériel à mes enfants et à ma femme et cela ne m'attriste pas – je suis même content qu'il en soit ainsi; je ne demande rien pour eux car l'Etat leur donnera ce qu'il faut pour vivre et s'éduquer.

J'aurais beaucoup de choses à dire, à toi et à notre peuple, mais je sens qu'elles seraient superflues, les mots ne peuvent exprimer ce que je voudrais et cela ne vaut pas la peine de noircir des pages.

Jusqu'à la victoire toujours! Patria o Muerte!

Je t'embrasse avec toute la ferveur révolutionnaire du

Che

Jusqu'en 1994, on ignorait que le Che avait non seulement tenu son journal au Congo, mais rédigé à partir de celui-ci un manuscrit intitulé Passages de la guerre révolutionnaire (le Congo). *Ce texte, dont est reproduit ici le début, est loin d'être seulement un journal de guérilla, c'est aussi une véritable analyse de la lutte en Afrique.*

Ceci est l'histoire d'un échec. Ce récit comprend des détails anecdotiques propres aux épisodes de la guerre, mais il est nuancé d'observations et d'esprit critique, car je considère que, si ce récit peut avoir une certaine importance, c'est parce qu'il permet de montrer une série d'expériences utiles à d'autres mouvements révolutionnaires. La victoire est une grande source d'expériences positives, mais la défaite aussi, et plus encore à mon avis, lorsque, comme c'est le cas, acteurs et narrateurs sont des étrangers qui sont allés risquer leurs vies sur un territoire inconnu, de langue différente, auquel ils n'étaient attachés que par les liens de l'internationalisme prolétarien, inaugurant une méthode inédite dans l'histoire des guerres de libération modernes. […]

Plus précisément, cette histoire est l'histoire d'une décomposition. Lorsque nous sommes arrivés sur le territoire congolais, la révolution était dans une période de récession. Ensuite sont survenus des épisodes qui allaient entraîner sa régression définitive : pour le moment du moins, sur cette scène de l'immense champ de lutte qu'est le Congo.

Ce récit se termine par un épilogue qui pose les questions de la lutte en Afrique et, en général, de la lutte de libération nationale contre la forme néo-coloniale de l'impérialisme qui constitue son expression la plus redoutable, compte tenu des ruses et des subtilités employées par les puissances impérialistes qui ont une longue expérience dans ce domaine.

En plus de cent cinquante feuillets serrés, corrigés par de brèves annotations de sa main, le Che revient en détail sur l'histoire vécue depuis avril et cherche finalement à établir un bilan personnel qui lui permette d'ouvrir une porte vers le futur.

Je dois maintenant me livrer à l'analyse la plus difficile, celle de mon rôle. J'ai approfondi, dans la mesure du possible, mon analyse autocritique, et j'en suis arrivé aux conclusions suivantes : du point de vue des rapports avec la direction révolutionnaire, j'ai été bloqué par la façon un peu anormale dont je suis entré au Congo, et je n'ai pas été capable de surmonter ce handicap. Mes réactions ont été variables; j'ai gardé pendant très longtemps une attitude que l'on pourrait qualifier d'excessivement complaisante, mais j'ai parfois explosé de manière tranchante et très blessante; peut-être est-ce chez moi un comportement inné; le seul secteur avec lequel j'ai certainement entretenu des rapports corrects, ce sont les paysans, car je suis plus habitué au langage politique, à l'explication directe et à l'exemple, et je crois que j'aurais eu du succès dans ce domaine. Je n'ai pas appris le swahili assez vite et assez à fond; c'est un défaut qui peut être attribué à ma connaissance du français, ce qui me permettait de communiquer avec les chefs, mais m'éloignait de la base. J'ai manqué de volonté pour fournir l'effort nécessaire.

En ce qui concerne le contact avec mes hommes, je crois m'être suffisamment sacrifié pour que personne ne puisse rien me reprocher au niveau personnel ou physique. Mais mes deux faiblesses fondamentales ont trouvé de quoi se satisfaire au Congo : le tabac, qui m'a très peu manqué, et la lecture qui a toujours été abondante. Avoir une paire de bottes déchirées ou du linge sale, manger à la même gamelle que la troupe et vivre dans les mêmes conditions n'était pas précisément confortable, mais pour moi cela n'était pas un sacrifice. Le fait surtout de m'éclipser pour lire, fuyant ainsi les problèmes quotidiens, avait tendance à m'éloigner du contact avec les hommes, sans parler de certains aspects de mon caractère qui rendent difficile une certaine intimité. J'ai été dur, mais je ne crois pas l'avoir été excessivement; injuste non plus. J'ai utilisé des méthodes qui ne sont pas celles d'une armée régulière, comme la privation de nourriture; c'est la seule que je connaisse qui soit efficace dans la guérilla. Au début j'ai voulu imposer des contraintes morales, et j'ai échoué. J'ai essayé de faire adopter par les hommes le même point de vue que moi sur la situation, et j'ai échoué; je n'étais pas préparé à regarder avec optimisme un futur qu'il aurait fallu savoir distinguer à travers les brumes aussi noires que le présent.

Je n'ai pas osé exiger le sacrifice maximum au moment décisif. Cela a été un blocage intérieur, psychique. Pour moi c'était très facile de rester au Congo; du point de vue de l'amour propre du combattant, c'était ce qu'il fallait faire; du point de vue de mon attitude future, ce n'était peut-être pas ce qui convenait le mieux, mais cela m'était indifférent à ce moment-là. Pendant que je pesais mûrement ma décision, le fait de savoir combien le sacrifice décisif était facile pour moi a joué contre moi. Je considère que j'aurais dû surmonter le poids de cette analyse critique, et imposer à un certain nombre de combattants le geste final : même peu nombreux, nous aurions dû rester.

Finalement, ce qui a joué dans mes rapports avec les hommes, je m'en suis aperçu, même si c'est complètement subjectif, cela a été la lettre d'adieu à Fidel. Après cette lettre, les camarades m'ont vu de la même façon que plusieurs années plus tôt, quand j'ai commencé dans la Sierra, c'est-à-dire comme un étranger en contact avec des Cubains; à cette époque, celui qui arrivait; et à présent, celui qui partait. Il y avait certaines choses en commun que nous ne partagions plus, certaines aspirations auxquelles de manière tacite et explicite j'avais renoncé, et qui sont sacrées pour tout homme : sa famille, sa terre, son milieu. La lettre, qui avait soulevé tant de commentaires élogieux à Cuba et au-dehors, me séparait des combattants. Ces considérations psychologiques dans l'analyse d'une lutte à l'échelle presque continentale peuvent sembler insolites. Je reste fidèle à mon concept de noyau : j'étais le chef d'un groupe de Cubains, un simple détachement, et ma fonction était d'être leur chef réel, celui qui les conduisait vers une victoire qui devait donner l'impulsion au développement d'une authentique armée populaire. Mais ma situation particulière me transformait en même temps en soldat, en représentant d'un pouvoir étranger, en instructeur de Cubains et de Congolais, en stratège, en politique de haut vol sur une scène inconnue. Et en Caton-censeur, rabat-joie et rabâcheur, dans mes rapports avec les chefs de la révolution. En tirant sur tous ces fils, un nœud gordien s'est formé que je n'ai pas osé trancher. Si j'avais été davantage un authentique soldat, j'aurais pu peser plus efficacement sur certains aspects de mes rapports complexes aux autres. J'ai raconté comment au bout du compte j'en étais arrivé à prendre soin du cadre (ma précieuse personne) dans les moments de désastre où j'étais entraîné, et comment je n'ai pas pu surmonter des considérations subjectives au moment final.

Les dernières annotations du Che sur le manuscrit terminé remontent aux premiers mois de l'année 1966. Il ne devait jamais être publié.

Ces notes seront publiées longtemps après avoir été dictées, et peut-être l'auteur ne pourra-t-il pas assumer la responsabilité de ce qui est dit ici; le temps aura arrondi bien des angles et, si la publication revêt une certaine importance, les éditeurs pourront y faire les corrections qu'ils considéreront nécessaires, par des rappels pertinents, afin d'éclaircir les événements ou les opinions à la lumière du temps décanté.

Preuve que le Che avait gardé le secret absolu sur sa destination, cette lettre qu'il reçoit de sa mère, écrite de Buenos Aires le 14 avril 1965. Celia Guevara de La Serna s'interroge sur le nouveau statut du Che à Cuba, dirigeant politique ou dirigeant d'entreprise. C'est la dernière lettre qu'elle devait écrire à son fils puisqu'elle meurt, sans l'avoir revu, le 19 mai 1965.

[…] J'ai lu ta dernière lettre comme je lis *La Prensa* ou *La Nación de Buenos Aires*, devinant, ou essayant de le faire, la vraie signification de chaque phrase et sa portée. Le résultat a été un océan de confusions, un malaise et une inquiétude encore plus grande… Je n'utiliserai pas de langage diplomatique. Je serai très directe. Je pense que c'est une véritable folie que le peu de cerveaux capables d'organiser les choses à Cuba partent tous couper la canne à sucre pendant un mois. Et ne fassent que ça, alors que les bons coupeurs de canne ne manquent pas au sein du peuple. Le faire comme un travail volontaire, pendant les moments de loisir ou de repos, le samedi ou le dimanche, c'est autre chose. Cela a un sens aussi comme travail principal lorsqu'il s'agit de prouver de manière incontestable l'avantage et le besoin d'utiliser les machines pour la récolte, puisque le nombre total de tonnes récoltées rapporte les devises dont Cuba a besoin. Mais un mois c'est long. Peut-être y a-t-il des raisons que j'ignore. Pour en revenir à ton cas personnel, si à l'issue de ce travail d'un mois tu prends la direction d'une entreprise, ce que Castellanos ou Villegas font très bien, il me semble que la folie touche à l'absurde, surtout s'il te faut encore y passer cinq ans avant d'être considéré comme un vrai cadre.

Connaissant tes scrupules à t'absenter un seul jour de ton ministère, quand j'ai su que ton voyage à l'étranger se prolongeait autant, je me suis posé cette question : est-ce qu'Ernesto sera toujours ministre de l'Industrie à son retour à Cuba? Qui a eu gain de cause, ou imposé ses vues, dans la controverse concernant les primes et la politique d'incitation salariale? J'ai une partie de la réponse. Si tu vas diriger une entreprise, c'est que tu as cessé d'être ministre.

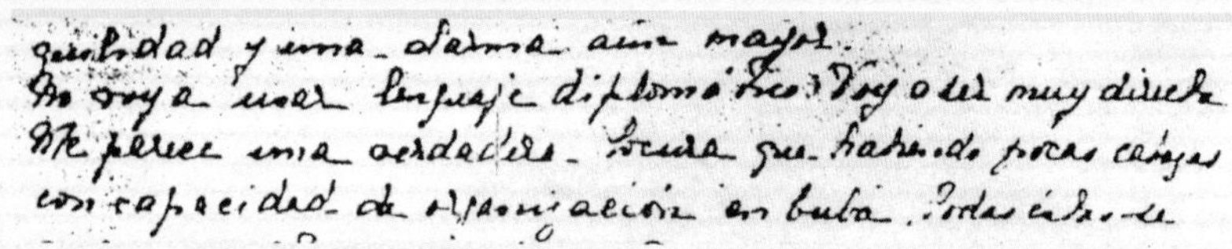
No voy a usar lenguaje diplomático. Voy a ser muy directa
Me parece una verdadera locura que habiendo pocos cerebros
con capacidad de organización en Cuba

On saura si la polémique a été équitablement réglée quand on connaîtra le nom de ton succcesseur. Mais de toute façon, vu tes capacités, cinq ans à la direction d'une usine, c'est du gâchis.

Et ce n'est pas ta mère qui parle, c'est une vieille dame qui aspire à voir le monde entier converti au socialisme. Et qui croit que si tu fais ce que tu as dit, tu ne seras pas un bon serviteur du socialisme mondial. Si pour une raison quelconque les issues te sont fermées à Cuba, il y a en Algérie un certain monsieur Ben Bella qui te serait reconnaissant que tu organises son économie ou que tu le conseilles, ou un certain monsieur Nkrumah, au Ghana, qui le serait aussi. Oui, tu seras toujours un étranger. Cela semble être ton destin permanent. […]

Celia de La Serna
Buenos Aires, le 14 avril 1965

Quelques extraits du manuscrit éclairent l'attitude du Che dans cette région nouvelle pour lui.

Le plus grand défaut des Congolais c'est qu'ils ne savent pas tirer, ce qui entraîne un gros gaspillage de munitions; c'est par là qu'il faut commencer. La discipline ici est très mauvaise mais on a l'impression que sur le front, c'est autre chose; là-bas les hommes sont obligés de l'accepter même si le manque d'organisation est toujours aussi évident.

Les tâches les plus importantes sont : leur apprendre à tirer, à tendre des embuscades (la vraie guérilla) et certaines normes militaires d'organisation qui permettent de concentrer toute la puissance sur le point attaqué. […]

Les paysans se montraient extrêmement aimables avec nous, et c'était bien le moins, pour les remercier, que je reprenne ma vieille profession de médecin, réduite, vu les circonstances, à des piqûres de pénicilline contre la maladie traditionnelle, la blennorragie, et à la prescription de comprimés contre le paludisme.

Dans une lettre à Fidel Castro, le Che essaie de rappeler celui-ci à la réalité de la guérilla africaine, bien différente de celle qu'ils ont tous deux menée.

Je vous supplie de tenir compte de façon objective d'un certain nombre de mes recommandations : oubliez tous les hommes destinés à des groupes fantômes et préparez-moi une dizaine de cadres, pas tous noirs. […] Pour les armes, le nouveau bazooka, des détonateurs électriques avec leurs batteries, un peu de R4 et c'est tout pour le moment. […] Pas de mortiers, nous en avons de reste.

En novembre 1965, le Che décide de quitter le Congo, décision dont il s'explique dans son manuscrit.

Pour moi rester au Congo n'était pas un sacrifice. L'année sur place – ou les cinq ans dont j'avais menacé les Cubains – faisaient partie d'une conception de la lutte parfaitement claire dans mon esprit. J'aurais pu raisonnablement compter sur six ou sept hommes qui m'auraient accompagné sans aucune réticence; les autres l'auraient fait par devoir, devoir personnel pour certains, devoir envers la révolution pour d'autres, et j'allais sacrifier des hommes dont l'enthousiasme au combat ne serait pas la motivation. J'avais pu moi-même m'en rendre compte il y a peu; au cours d'une conversation ils m'avaient posé, sur un ton rigolard, des questions sur plusieurs dirigeants congolais, et ma réponse avait été violente; je leur avait dit qu'il fallait d'abord se demander quelle avait été notre attitude, si nous pouvions dire, la main sur le cœur, qu'elle avait été vraiment correcte; ce n'était pas mon avis. Un silence embarrassant et hostile s'est installé.

En fait, l'idée de rester a continué à tourner dans ma tête jusqu'aux dernières heures de la nuit, et je n'ai peut-être jamais pris de décision, mais j'ai été un fuyard de plus.

Vingt-cinq ans plus tard, face aux auteurs de L'année ou nous n'étions nulle part *– Paco Ignacio Taibo II, Froilan Escobar et Felix Guerra –, Fidel Castro justifie à son tour ce retrait du Che.*

Ce mouvement en était encore à ses débuts, ils n'avaient ni assez de force, ni assez d'unité, et à la fin ce sont les chefs révolutionnaires de l'ancienne colonie belge qui ont décidé d'arrêter le combat, et les hommes ont été retirés. En fait cette décision a été correcte, nous avions constaté que les conditions pour le développement de cette lutte à ce moment-là n'existaient pas.

Paco Ignacio Taibo II,
Froilan Escobar et Felix Guerra,
L'année où nous n'étions nulle part,
Anne-Marie Métailié

Celui qui a survécu au Che

Personnage hors norme, révélé à lui-même et aux autres par le Che, Dariel Alarcon Ramirez, dit Benigno, retraité de l'armée, cultive aujourd'hui son jardin dans les environs de La Havane. Il vient de publier Les Survivants du Che, *dans lequel il témoigne de l'épopée bolivienne dont il est l'un des trois survivants.*

Dariel Alarcon Ramirez, dit Benigno.

Parti en éclaireur avec deux compagnons pour chercher un passage qui permettrait au Che et à ses hommes de se dégager du ravin du Churo, Benigno doit créer finalement une diversion car à peu de distance de là Che Guevara essuie le feu de l'armée bolivienne.

Instinctivement, nous réussissons à nous planquer derrière l'arbre en formant une espèce d'escalier : moi, debout; El Inti, accroupi et adossé contre le tronc et Darío entre mes jambes et celles d'Inti. Nous prenons une position défensive. Les mots que nous venons d'entendre ont déclenché un cataclysme, on a l'impression que toute la terre tremble et un feu nourri commence à s'abattre sur la position où se trouve le Che.

Soudain, un soldat crie : «On a touché un guérillero!» Je regarde, et je vois qu'ils ont descendu Aniceto.

Je cale mon M-2 contre mon épaule et je prends dans le viseur le type qui commande les forces ennemies. Je ne me prépare pas à enfreindre les ordres du Che : ils les ont vus. Ils ont descendu Aniceto…

Je fais feu. L'officier tombe devant ses hommes. Il a dû être surpris car, d'en bas, de là où ils se sont mis à tirer, les nôtres ont peu de chances de répondre efficacement à leur canardage.

Je continue à employer la même technique de combat : je repère celui qui prend la place du chef et je le descends, et ainsi de suite, l'un après l'autre, pour démoraliser les soldats. […]

Pour moi, le combat du ravin du Yuro a été l'un des plus acharnés de toute ma vie de guérillero. L'inégalité des forces était énorme, ils avaient lancé cinq bataillons contre nous. Et ce n'était pas n'importe quels soldats, c'était des rangers. Et il y en avait de très courageux, qui, même blessés, continuaient à se battre.

De notre côté, sur les dix-sept que nous étions, neuf guérilleros seulement étaient en état de combattre avec efficacité. […]

Et à ce moment-là je fais un mouvement, mon corps dépasse de derrière l'arbre et un soldat me repère. Il m'envoie une rafale. Une balle frappe un des chargeurs – vide – que j'ai passés dans ma ceinture et me rentre dans l'aine, mais pas très profondément. C'est une balle de M-2.

Cette balle et celle du 26 septembre, qui s'était logée près d'une vertèbre cervicale, vont m'accompagner pendant des milliers de kilomètres à travers la Bolivie et ne m'ont été extraites qu'ici, à Cuba… fidèles compagnes. […]

Mais moi, je continue à faire mouche. Tant et si bien qu'à cinq heures du soir j'ai réussi, en n'utilisant que vingt-deux balles, à en tuer plusieurs (nous l'avons su plus tard) et à faire six blessés graves, dont certains sont morts après. […]

Il doit être 5 heures et demie ou 6 heures quand, enfin, leur parvient l'ordre de se replier et ils se tirent à toute vitesse, sans même ramasser les hommes qu'ils ont perdus au combat.

Nous les voyons décrocher, nous sommes pris tous les trois d'une joie incroyable. C'est cette fierté de l'ordre exécuté. Je me sens l'homme le plus capable de la terre. J'ai réussi, c'est ce que je pense à ce moment-là, à faire fuir l'armée, ce qui va permettre au Che et à tout le groupe du fond du ravin de s'en sortir. […]

J'ai ouvert une brèche, et c'était ce que voulait le Che.

Je dis à Inti et à Darío : «Allez, on y retourne, du côté où est Fernando». […]

Nous prenons tous les trois nos jambes à notre cou pour redescendre, pour leur donner la bonne nouvelle. Nous pensons à la joie qu'ils vont tous éprouver. […]

Et alors, le coup brutal, en plein dans l'âme. […]

Nous trouvons les corps déchiquetés de nos frères, Antonio, Pacho, Arturo et Aniceto. Ils sont à peine reconnaissables. […] Le Che et le reste du groupe ont disparu!

Qu'est-ce qui leur est arrivé?

Nous sommes là, tête basse, regardant ce tableau désolant.

Au-dedans de nous, un sentiment d'impuissance immense grandit. On a fait tout ça en vain. […]

Nous sommes devant ce tableau affreux quand apparaissent Pombo, Urbano et El Ñato, qui arrivent de la position où les avait envoyés Fernando, là-bas au fond de l'autre ravin. Aussitôt, nous leur demandons s'ils savent où est le Che.

«Aucune idée, nous disent-ils, on croyait qu'il était avec vous…»

Alors, le désespoir me fait perdre mon empire sur moi-même et je leur balance – je suis très violent : «Comment, bordel, pouvez-vous ne pas savoir où est le Che et dans quel coin sont allés se foutre les autres camarades?» […]

Nous nous rappelons les indications que nous a données le Che sur les différents points de rassemblement prévus en cas de dispersion des hommes à l'issue du combat. Il y en a deux et nous partons sur-le-champ, tous les six, vers le premier.

Quand nous l'atteignons, il est plus de neuf heures du soir. […]

Nous sommes encore une fois saisis par l'impuissance et par le désespoir en ne voyant pas le Che et les autres. A tel point que nous commettons des erreurs, comme d'allumer des allumettes et des briquets pour essayer de trouver des traces.

Nous en découvrons, enfin. Ce sont celles, très spéciales, que laissent les sandales du Che qu'El Ñato avait fabriquées pour lui, dans une peau de bouc, quand ses chaussures de marche – type «rangers», qu'il avait achetées en France – avaient rendu l'âme et qu'il s'était retrouvé pieds nus. De nouveau, c'est l'espoir!

Nous nous disons : «Ah, bien sûr, il est venu. Il a attendu jusqu'à neuf heures et il a continué vers l'autre point de rassemblement.»

Mais nous faisons une seconde découverte : le sac à dos du Che, déchiqueté, et toutes ses affaires éparpillées autour. On en discute : «Le Che porte un blessé, il est blessé lui-même, c'est pour ça qu'il a laissé son sac, pour que nous, qui venons derrière, le récupérions au passage.» Mais quelle est la raison de ce désordre? S'il a agi comme nous le pensons, le sac devrait être intact et jamais son contenu dispersé en vrac par terre.

Il y a une autre possibilité : les soldats sont passés par là avant nous et se sont mis à fouiller le sac, pour voir ce qu'ils pouvaient voler, ou pour chercher des documents secrets, d'une certaine valeur militaire.

Cependant, un pressentiment – que nous sommes incapables de formuler – nous crie que quelque chose de terrible est arrivé. […]

Le second point de contact se trouve assez loin, sur les rives du río Santa Elena, un lieu qui s'appelle El Naranjal. Je ne suis pas sûr du nom, en tout cas il y a des plantations d'orangers. Je ne souhaite qu'une chose, c'est d'y arriver.

Dans ma tête, je vois le Che suivre le cours du río Grande, blessé ou portant un blessé, qui sait? En tout cas, il a besoin de nous. Si ça se trouve, il a une crise d'asthme. Ces derniers temps, l'asthme le maltraite durement et il n'a plus de médicaments pour calmer les crises. […]

Le jour se lève alors que nous marchons encore et nous découvrons un village qui se révèle être La Higuera. Nous l'avons là, à moins de quatre cents mètres de nous. Nous nous cachons à toute vitesse dans une prairie de hautes herbes, comme des bêtes sauvages dans leur tanière. Sauf qu'elle n'est pas très sûre, notre tanière!

Il faut d'abord observer La Higuera. Nous voyons qu'il y a beaucoup de troupe dans la place. Nous avons l'habitude, nous comprenons très vite que l'état-major est là. L'apparition des hélicoptères qui nous survolent puis se posent à La Higuera nous conforte dans notre première impression.

Comment pouvions-nous savoir? Il ne nous vient même pas à l'idée que notre Commandant est prisonnier et qu'ils le

perfuma tu palabra
Chiclets
perfuma tu palabra
Chiclets
Chiclets

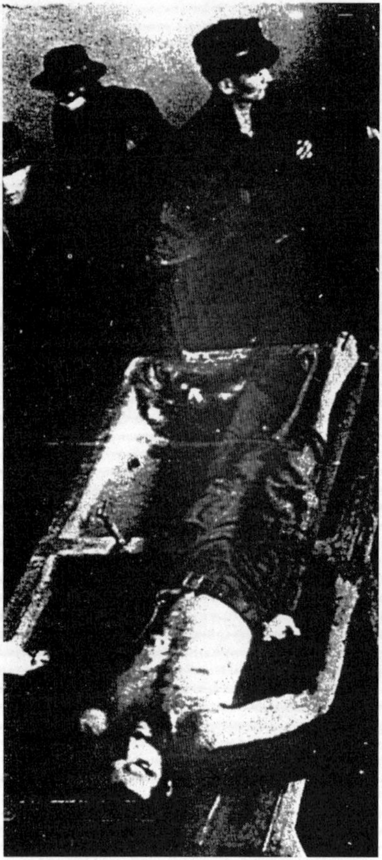

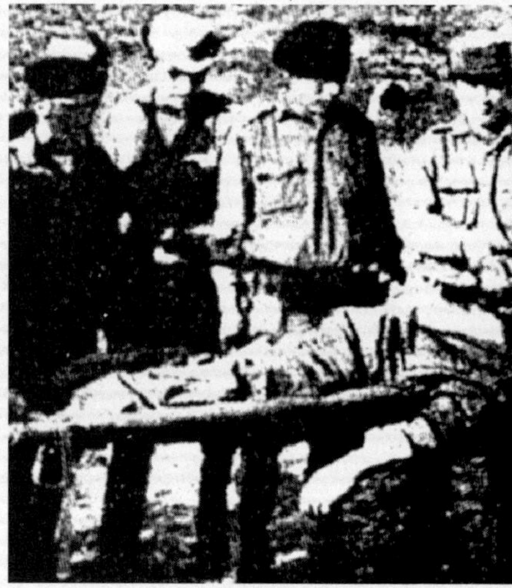

Trois étapes du transfert du corps de Che Guevara grossièrement enveloppé dans un brancard, de la Higuera à Valle Grande.

gardent là! Si nous l'avions su, nous aurions tenté une action de commando pour le sauver ou mourir à ses côtés. Mais aucun de nous six n'imagine un instant ce qui est en train de se passer.

Depuis notre planque, nous les voyons sortir des cadavres. Nous pensons que ce sont ceux de nos compañeros tombés en héros dans le Yuro – Antonio, Aniceto, Arturo et Pacho – et ceux des soldats qu'eux-mêmes ont laissés mourir sans les secourir et les soigner. «Alors comme ça, me dis-je, ils sont retournés chercher leurs morts.»

Nous voulons avant tout repartir vers El Naranjal, mais il n'y a pas moyen de le faire en plein jour; avec les hélicoptères qui nous survolent, nous risquerions de nous faire repérer, si près de La Higuera. Aussi sommes-nous obligés de passer toute la journée cachés dans les hautes herbes.

J'ai avec moi, souvenir de Coco, un petit transistor dont il a tenu à me faire cadeau avant de mourir et, au milieu de la matinée – vers dix heures –, histoire de savoir ce qui se passe et d'obtenir quelques informations, je propose de mettre la radio tout bas. Nos six têtes se rapprochent autour de l'appareil.

A peine nous sommes-nous mis à l'écoute qu'ils commencent à donner le signalement du Che : son nom, son aspect physique, ils décrivent les sandales qu'il a aux pieds, la couleur de ses chaussettes.

Et toutes les stations que nous captons donnent la même épouvantable nouvelle! Radio Altiplano, Radio Santa Cruz, Radio Balmaseda; le chef guérillero Ramón, le légendaire Commandant Ernesto Che Guevara, est tombé au combat dans le ravin du Yuro.

La radio continue… «Le chef guérillero portait un *jacket* de telle couleur et deux montres…» Deux montres… Deux montres au poignet, la sienne et celle de Tuma, c'est exact. […] Je ne sais pas pourquoi ce détail me retourne, me donne des remords. Il faut que je me retienne pour ne pas foncer sur les soldats et tirer dans le tas. J'ai envie de me lever, de hurler «Vive le Che!» et de tuer. Les soldats ne sont pas si loin.

Je les vois nettement. Ils sont dans La Higuera et on dirait qu'ils sont contents. Il y a du mouvement, comme s'ils étaient en train de faire la bringue, peut-être qu'ils boivent pour fêter la mort du Che. Je sens des larmes couler sur mon visage, mais je ne veux pas m'avouer que je pleure… Alors, je lève les yeux et je regarde les autres. Et qu'est-ce que je vois?

El Inti, si aguerri, El Ñato, homme courageux, Darío, qui est comme un enfant, mais pour qui la mort ne signifie rien, Pombo, Urbano, ils pleurent tous. Ils pleurent tous et, à partir de ce moment-là, je sais : je sais ce que mon esprit refuse d'admettre, je sais que c'est vrai. Ils ont tué notre Che.

Une paix immense entre dans mon cœur, comme un calmant. Il n'y a pas de frontière, pas de nationalités, seulement six hommes qui pleurent, des Cubains, ses frères d'armes depuis la Sierra Maestra, depuis Cuba, et des Boliviens et, pour eux aussi, le Che est leur chef, le compagnon, l'ami cher, dont la perte déchire la poitrine et serre le cœur.

Le Che est tombé dans le ravin du Yuro. Mon âme peut bien me dire que le Che est vivant, mais à la vue de ces larmes, je m'analyse et je me rends compte qu'il n'y a plus de place pour l'espoir : ils l'ont tué.

Dariel Alarcon Ramirez,
Les Survivants du Che,
Editions du Rocher, 1995

Les intellectuels français et Cuba

«On ne lit pas l'histoire, on s'y lit.» Dans les années soixante et soixante-dix, la gauche et l'extrême gauche françaises n'ont cessé d'aller puiser dans les batailles de l'Amérique latine de quoi alimenter leurs rêves révolutionnaires.

La revue *Opus International*, octobre 1967.

Le socialisme au bout du fusil

Quand, en janvier 1959, Fidel Castro et ses *barbudos* entrent victorieux à La Havane, après deux ans de guérilla dans la sierra Maestra contre la dictature de Batista, l'événement est certes pittoresque et photogénique pour *Paris-Match*, mais l'île de Cuba intéresse médiocrement la classe politique française, beaucoup trop occupée par les conséquences du retour au pouvoir du général de Gaulle et les développements de la guerre d'Algérie. D'autant qu'au début, cette révolution cubaine se présente sous des couleurs réformistes et humanistes, comme un «nationalisme de gauche» démocratique et unitaire.

Jean-Paul Sartre et Simone de Beauvoir sont les premiers intellectuels français importants invités à venir porter sur ses fonds baptismaux le nouveau régime. En février-mars 1960, ils passent un mois entier à découvrir, dans une île essentiellement paysanne, ce qui leur paraît une tentative exemplaire de démocratie directe, portée par un vrai enthousiasme populaire. En *battle-dress* vert olive, la jeunesse est aux commandes, certains des ministres n'ont pas trente ans. Une réforme agraire s'amorce, qui va remettre en question toute la mainmise des Etats-Unis sur le sucre, richesse première du pays. Il s'agit bien d'une révolution. Comment ne pas se sentir exalté par le combat romantique du David caribéen armant sa fronde à 200 km du Goliath nord-américain? Fidel ne se prend pas encore pour Castro et, la finesse pédagogique de Che Guevara aidant, Sartre, cinquante-cinq ans, tombe sous le charme : «J'ai rencontré, si j'ose dire, mes fils.» Il compare les planteurs de sucre de Cuba aux colons d'Algérie et rapporte, dans *France-Observateur* et dans *France-Soir*, une vision idyllique de cet «Ouragan sur le sucre» qui fera danser les imaginations et aiguisera l'envie de toute une génération d'aller y voir de près.

En fait, Castro ne proclamera le caractère socialiste de cette révolution que le 16 avril 1961, la veille même de l'échec piteux, à la baie des Cochons, d'une tentative d'invasion de l'île par un corps expéditionnaire anticastriste financé par la CIA. Mais le modèle cubain est déjà emblématique parce que, pour la première fois, il démontre qu'une révolution peut emporter la victoire sans ou même contre les communistes.

Cuba, un rêve révolutionnaire

Dès lors, dans l'amicale légion étrangère du monde entier qui débarque à La Havane, dévorée de curiosité et de sympathie, arrivent de France, pêle-mêle, ceux qu'on n'appelle pas encore des gauchistes mais qui en sont tout de même l'avant-garde : intellectuels, artistes, écrivains, économistes ou cinéastes. Ils ne sont pas très nombreux. Tous, marqués par l'aventure, feront parler d'eux.

«Il est peut-être difficile aujourd'hui de comprendre ce qu'a représenté la révolution cubaine pour cette poignée de militants européens, écrit François Maspero trente ans après. Ce fut une immense vague d'espoir. […]»

A partir de 1961 commence le temps du «voyage à Cuba» pour quelques-uns – des jeunes surtout – qui, fuyant une France qui leur paraît mesquine et grise, recherchent, comme Maspero, «une société différente qui échappât aux lois du pouvoir, de la notoriété, des richesses». Certains finiront, plus tard, par se laisser abuser par ces ingrédients, mais ils ne le savent pas encore. Il y a Roland Castro, étudiant aux Beaux-Arts, futur architecte des banlieues parisiennes. Il y a le dessinateur Siné qui se régale, Armand Gatti, éternel rebelle, pas mal d'étudiants communistes qui vireront au trotskisme. Il y a un jeune normalien, Régis Debray, qui, au moment de la menace d'invasion anticastriste de l'île, avait spontanément offert ses services «internationalistes» à l'ambassade de Cuba à Paris avec son ami Bernard Kouchner, alors étudiant en médecine. On les avait gentiment éconduits. Pendant trois mois, Debray, sans connaître un traître mot d'espagnol, alphabétisera des paysans de la sierra Maestra et essaiera d'apprendre à dormir dans un hamac.

Il y a aussi, plus efficace peut-être, une petite cohorte d'économistes marxistes et d'agronomes, attirés par une réforme agraire révolutionnaire grandeur nature. René Dumont, le premier, met en garde Fidel Castro contre l'improvisation volontariste et le désordre comptable dans les coopératives agricoles. Le professeur Charles Bettelheim tente, sans trop de succès, d'expliquer à Che Guevara le caractère incontournable du mécanisme des prix et crédits. Ses élèves, Michel Gutelman, Isy Joshua, passeront plusieurs années «sur le terrain», à aider les Cubains à planifier leur agriculture.

Il y a enfin l'ardente Ania Francos. Engagée par le cinéaste Joris Ivens à écrire le commentaire des kilomètres de film tournés dans la «perle des Caraïbes», elle ramène, d'une année vécue au coude à coude avec les Cubains, le livre de reportage le plus vivant, le plus coloré sur la fête cubaine. Cette *pachanga* mêlée de sensualité, de parfums de cannelle, de musique cha-cha-cha et d'éclats de rire accompagne alors une conquête du socialisme qui déborde d'optimisme. *Fidel campeón, te comiste el tiburón* [Fidel champion, tu as avalé le requin], chantent des mulâtresses en se déhanchant pour célébrer la victoire sur les mercenaires de playa Girón téléguidés par l'Oncle Sam.

En France pourtant, le numéro spécial sur Cuba de la revue *Partisans* est saisi en 1961 en vertu des «pouvoirs

Jean-Paul Sartre et Simone de Beauvoir à Cuba, avec le Che.

spéciaux», et le film de Chris Marker *Cuba sí* interdit par la censure.

A Cuba, la «crise des fusées» de 1962, où Krouchtchev cède devant Kennedy sans consulter Castro et retire les missiles nucléaires entreposés dans l'île, l'accord de 1963 sur le sucre vendu aux pays de l'Est contre du pétrole pour cause de blocus nord-américain, font prendre conscience de la dépendance croissante du pays à l'égard de Moscou.

Che, Che, Che…

En 1965, avant de disparaître mystérieusement pour poursuivre la lutte «dans d'autres terres du monde», Che Guevara, numéro deux de la révolution, a le temps de signaler à Fidel un article des *Temps Modernes*, la revue de Sartre, intitulé «Le castrisme, la Longue Marche de l'Amérique latine». Y sont analysées, non sans pertinence, les perspectives de la stratégie du *foco*, ce noyau de combattants installant un «foyer» révolutionnaire dans les montagnes du

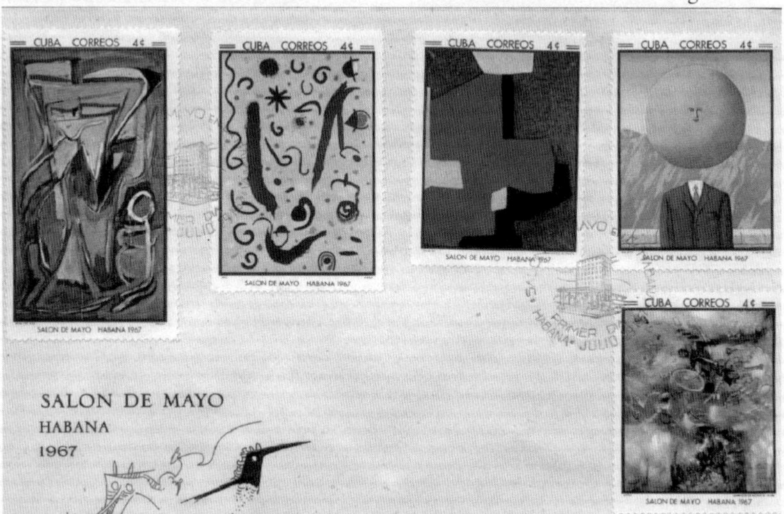

Le Salon de Mai, point de rencontre des intellectuels et artistes européens et des Cubains.

continent. Fidel est séduit. Il invite à La Havane l'auteur, Régis Debray, vingt-cinq ans, qui vient de passer l'agrégation, l'adopte comme un fils, en fait son héraut.

Cela donnera en 1967 *Révolution dans la révolution?*, brûlot de cent pages tiré à 200 000 exemplaires à Cuba d'abord, chez Maspero ensuite, hymne à la guérilla tous azimuts qui enverra au feu une génération entière. A commencer par son signataire, Debray, qui après cinq semaines en compagnie du Che dans le *foco* de la forêt bolivienne, se fait capturer par l'armée. Prison. Procès retentissant où de Gaulle soi-même demande l'indulgence. Plaidoyer admirable de l'accusé. Trente ans de prison. La gloire.

Entre-temps Guevara, tombé à son tour, exécuté froidement par les rangers boliviens le 9 octobre 1967, entre dans la légende, dans la mythologie des christs révolutionnaires du tiers monde.

Tandis que, dans la foule accablée de La Havane, Pierre Goldman, déserteur de l'armée française et fier de l'être, écoute tétanisé Castro annoncer la mort du «guérillero héroïque», à Paris les trotskistes laissent couler leurs larmes en entonnant le Chant des martyrs. Très vite la figure du Che, des posters aux T-shirts, va servir d'icône à toute une jeunesse «baba cool». L'archange au béret étoilé illuminera de son regard mystique la Sorbonne, l'Odéon, toute la révolte de Mai 1968. Il sera le cri de guerre – «Che, Che, Che!» – des manifestations étudiantes.

Il accueillera aussi, format géant sur la façade des immeubles de La Havane, le Congrès culturel international de janvier 1968 : cinq cents intellectuels de soixante-dix pays dont quelques Français respectables, Michel Leiris, Max-Pol Fouchet, le savant Pierre Lehman, Jean-Pierre Vigier, le peintre Pignon, des «socio-philosophes» comme Daniel Guérin, Costas Axelos, etc. A l'ordre du jour, «le rôle de l'intellectuel dans le combat révolutionnaire». Vaste programme, qui ne faisait pas ricaner à l'époque, car la noria éblouie des militants du Quartier latin hantés par l'Amérique latine et alimentés par la littérature de «La Joie de lire», librairie sacrée de toutes les nobles causes, continuait à envoyer à La Havane quelques contingents d'internationalistes ardents, Bernard Kouchner, un lot de jeunes communistes, des syndicalistes étudiants, Christian Blanc, futur préfet rocardien, Marc Kravetz, aujourd'hui journaliste à *Libération*…

Début août 1968, Serge July et Alain Geismar viennent expliquer aux Cubains la portée de Mai 1968. Ils n'en ont guère le temps, ni le goût : le 23 août – douche froide – Fidel approuve l'inadmissible, l'invasion de la Tchécoslovaquie par l'armée soviétique. Même le P.C. français n'a pas osé. Le mythe libérateur de Cuba s'effondre. Deux ouvrages, dont les auteurs seront traités d'agents de la CIA – *Cuba est-il socialiste?* de René Dumont, *Les Guérilleros au pouvoir* de K.S. Karol –, marqueront simultanément, en 1970, la fin des illusions…

Pierre Kalfon,
in *Les Amériques latines en France*,
Gallimard, 1992

BIBLIOGRAPHIE

- *Album fotografico Che*, photos de Raul Corrales et Alberto Korda, A & A, 1990.
- *Che Guevara parle*, Editions La Gauche, Bruxelles.
- *Cuba*, collection «Les Grands Voyages», Delta.
- *Ecrits d'un révolutionnaire. Guevara - Bettelheim - Mandel : le débat économique sur la transition à Cuba. Contre le bureaucratisme : le socialisme et l'homme*, La Brèche PEC, Montreuil, 1987.
- *Kennedy et la Révolution cubaine, un apprentissage politique?*, présenté par Manuela Semidei, Julliard, Paris, 1972.
- Dariel Alarcon Ramirez, *Les Survivants du Che*, Editions du Rocher, Paris, 1995.
- Geronimo Alvarez Batista, *Le Che dans la bataille… de la production*, Section des rotativistes du Syndicat général du Livre de Paris, 1994.
- F. Castro, *Bilans de la révolution cubaine*, Maspero, Paris, 1976.
- Jean Cormier, *Che Guevara*, avec la collaboration de Hilda Guevara et d'Alberto Granado, Editions du Rocher, Paris, 1995.
- Adys Cupull et Froilan Gonzales, *La CIA contre le Che*, Editions EPO, Editora politica, La Havane, 1992.
- Régis Debray, *La Guerilla du Che*, Le Seuil, Paris, 1974.
- Ania Francos, *La Fête cubaine*, Julliard, Paris, 1962.
- M. Gutelman, *L'Agriculture socialisée à Cuba*, Maspero, Paris, 1967.
- Paco Ignacio Taibo II, Froilan Escobar, Félix Guerra, *L'année où nous n'étions nulle part*, extraits du journal de Ernesto Che Guevara en Afrique, Editions Anne-Marie Métailié, Paris, 1995.
- Jean Lartéguy, *Les Guérilleros*, Editions Solar, Paris, 1967.
- J. Le Riverend, *Histoire économique de Cuba*, Institut du Livre, La Havane, 1967.
- Gabriel Robin, *La Crise de Cuba, Du mythe à l'histoire*, Editions Economica (IFRI).
- Tad Szulc, *Fidel Castro. Trente Ans de pouvoir absolu*, Payot, Paris, 1987.
- P. Vilar *et al.*, *Eveil aux Amériques : Cuba*, Editions sociales, Paris, 1962.

Ecrits de Che Guevara

- *La Guerre de guérilla*, Maspero, Paris, 1962.
- *L'Homme et le socialisme à Cuba*, Editions Cujas, Paris, 1966.
- *Créer deux, trois… de nombreux Viêt-nam*, Maspero, Paris, 1967.
- *Le Socialisme et l'homme*, Maspero, Paris, 1967.
- *Ecrits I : souvenirs de la guerre révolutionnaire*, Maspero, Paris, 1967.
- *Ecrits II : œuvres révolutionnaires 1959-1967*, Maspero, Paris, 1968.
- *Ecrits III : textes politiques*, Maspero, Paris, 1968.
- *Journal de Bolivie*, préface de François Maspero, Maspero, Paris, 1968, La Découverte, Paris, 1995.
- *Œuvres V et VI : textes inédits*, Maspero, Paris, 1972.
- Che Guevara et Alberto Granado, *Latino Americana, Journal de voyage*, Austral, Paris, 1994.

TABLE DES ILLUSTRATIONS

COUVERTURE

1er plat Détail d'affiches du Che à partir de photographies d'Alexandre Korda.
4e plat Le Che durant un dîner offert aux travailleurs de La Havane, photographie de René Burri.
Dos Le Che, photographie de René Burri.

OUVERTURE

1 à 9 Série de photographies prises pour la télévision cubaine le 14 septembre 1959. En incrustation, diverses affiches du Che.
11 Le Che à cheval.

CHAPITRE I

12 Ernesto Guevara sur le balcon de l'appartement de ses parents à Buenos Aires. Photographie d'Ernesto Guevara Lynch, son père, vers 1950.
13 Signature d'Ernesto Guevara, dit Ernestito.
14 Ernesto Guevara bébé avec ses parents, fin 1928.
14-15 Ernesto Guevara avec ses frères et sœurs.
15b Ernesto Guevara et l'une de ses sœurs, vers 1939.
16 Ernesto Guevara, vers 1943-1945.
16-17h Vue de la rue Diagonale Norte à Buenos Aires.
16-17b Juan Peron, alors président de l'Argentine (1948-1955), et sa femme Eva.
18g Alberto Granado

CHAPITRE II

sur La Havane pour fêter le triomphe de la Révolution, janvier 1959.
58-59 Fidel Castro (au centre) et ses hommes dans leur marche triomphale sur La Havane, janvier 1959.
60 Fidel Castro, entouré de ses hommes, depuis un balcon de l'hôtel de ville de Santa Clara, janvier 1959.
61g *Idem*.
61d *Idem*.

CHAPITRE III

62h A La Havane, la foule attendant Fidel Castro devant le fort de La Punta, 1959.
62b A La Havane, vendeur d'affiches de propagande castriste, 1959.
63 Che Guevara embrassant sa mère, Célia, lors de leurs retrouvailles en janvier 1959.
64-65 Une rue de La Havane au début de l'année 1959.
66-67 Fidel Castro et Ernest Hemingway lors de la remise de prix d'un concours de pêche. Musée Hemingway, La Havane.
67d Che Guevara au micro.
68g Le président Nasser (au milieu) recevant la délégation cubaine dirigée par Che Guevara (à gauche), 22 juin 1959.
68d Che Guevara reçu par Nehru, 1959.
68-69 Portrait de Che Guevara.
69d Che Guevara (à gauche), reçu par le maréchal Tito, lors de sa visite en Yougoslavie, 1959.
70-71 Billet de banque cubain de 1961, à l'effigie de Camilo Cienfuegos et signé du Che, directeur de la Banque centrale. Collection particulière.
71d *Idem* (détail).
72-73h Signature d'un contrat par la délégation cubaine (Che Guevara à gauche) à Pékin.
72g-73d Affiche cubaine contre le blocus américain, vers 1960.
72-73m Che Guevara face à Khrouchtchev et Gromyko, lors d'une visite à Moscou, 1960.
74h Manifestation tenue par les ouvriers de La Havane contre le blocus américain, 29 octobre 1962.
74b Manifestation d'exilés cubains anticastristes, soutenant le blocus américain.
75h A La Havane, mobilisation générale contre le blocus américain : camions chargés d'unités de combat de la milice révolutionnaire, 29 octobre 1962.
75b Défilé de la milice populaire au cours d'une parade place Civica à La Havane.
76-77b Fidel Castro à Playa Giron, dans la baie des Cochons, devant la carcasse d'un avion américain, avril 1961.
77h Mercenaires américains capturés par Fidel Castro lors de l'invasion de la baie des Cochons, 24 avril 1961.
77b Caricature cubaine à propos de l'échec de l'invasion américaine dans la baie des Cochons, avril 1961.
78hg Portrait du président Dorticos, à la tribune de l'ONU le 8 octobre 1962. Archives nationales, Washington.
78hd Une du quotidien *L'Humanité* du 18 avril 1961.
78b *Idem*.
79h John Kennedy et McNamara, secrétaire à la Défense, en conférence lors de l'épisode de la Crise des fusées, octobre 1962.
79b Manifestation d'exilés cubains anticastristes, soutenant les Etats-Unis lors de l'épisode de la Crise des fusées, octobre 1962.
80h Une du *New York Times* du 23 octobre 1962.
80b Navire soviétique au large de Cuba lors de l'épisode de la crise des fusées, octobre 1962. Archives nationales, Washington.
81 Affichette cubaine, blocus américain, 1962.
82g Une du *New York Times* du 29 octobre 1962.
82-83 Vue aérienne de la base des missiles soviétiques à San Cristobal, photographiée par les U2 américains.
83d «Ligne directe entre le Kremlin et la Maison blanche», illustration parue en couverture de *Domenica del Corriere*, 27 mai 1962. Collection particulière.
84g Caricature parue en couverture du *Time Magazine* du 3 octobre 1962, à l'occasion de l'épisode de la Crise des fusées. Collection particulière.
84 Fidel Castro et Khrouchtchev. Archives nationales, Washington.
85 Vendeur d'affiches dans une rue de La Havane, 1963.
86g Portrait de Che Guevara, alors ministre de l'Industrie cubaine, 1963.
86-87h *Idem*.
86-87b *Idem*.
88 Travailleurs cubains dans les années 1960.
89d Travailleurs cubains dans un champ de canne à sucre, dans les années 1960.
89g Affiche-hommage à Che Guevara de 1968, reprenant une citation de Fidel Castro : «Le Che s'est modelé en exemple non seulement pour notre peuple mais pour l'ensemble de l'Amérique latine.»
90h Che Guevara travaillant dans un champ de canne à sucre, années 1960.
90b Che Guevara, en discussion avec des travailleuses cubaines, années 1960.
91 Che Guevara transportant des sacs de sucre cubains,

CHAPITRE IV

TÉMOIGNAGES ET DOCUMENTS

INDEX

HASTA LA VICTORIA SIEMPRE
Si POR Cuba
HASTA LA VICTORIA
SIEMPRE!
HASTA LA VICTORIA
SIEMPRE!
CUBA

CRÉDITS PHOTOGRAPHIQUES

AFP 24-25b, 25d, 27d, 102-103h, 104h, 104m, 104b, 105md. Archive Photos 44-45h, 46-47, 106. Archives Gallimard 102b. Droits réservés 1 à 9, 11, 12, 13, 14, 14-15, 15b, 16, 18g, 19d, 20-21, 21h, 21b, 23h, 23b, 26-27, 28h, 28b, 29, 30, 31, 33h, 34-35b, 36g, 40-41, 43, 44b, 48bd, 48-49h, 50, 50-51, 54hg, 55h, 63, 66-67, 68d, 69d, 70-71, 74b, 78hg, 80, 81, 84, 91, 92-93, 96, 97, 98, 99, 101h, 102m, 103d, 105h, 105mg, 105b, 107b, 107m, 110-111, 113, 114, 116, 120, 124, 126, 127, 130, 131, 132, 134h, 134b, 135. Edimédia 16-17b, 18b, 19g, 42g, 51, 54-55b, 67d, 77h, 77b, 78b, 82-83, 83d, 84g, 94. Explorer/Jean-Marc Loubat 72g-73d. Gamma 39. Gamma/Pablo Ibarra 112. Gamma/Loviny 142. Gamma/Nhacerpy 109. GLMR/Arne Hodalic 48hg. Alberto Korda 1re de couv., 90h. Keystone 16-17h, 24h, 32h, 32-33b, 34h, 68g, 72-73h, 72-73m, 74h, 75h, 75b, 76h, 76b, 100h, 100-101b, 107b, 108g, 108d. Magnum 4e de couv. Magnum/Ian Berry 92. Magnum/René Burri dos de couv., 85, 86g, 86-87h, 86-87b, 94-95. Magnum/Elliott Erwitt 69. Magnum/Burt Glinn 52-53, 56m, 58-59, 60, 61g, 61d. Magnum/Bob Henriques 56-57, 76-77b. Magnum/D. McCullin 89g. Paris-Match/Camus 56b, 64-65, 88. Paris-Match/Vital 89d. Roger Pic 90b. Roger-Viollet 35b, 35, 36-37, 42d , 62h, 62b. Sipa 129. Sipa/Dalmas 79b. UPI 38. USIS 79h.

REMERCIEMENTS

L'auteur tient tout particulièrement à remercier Hilda Guevara, la fille aînée du Che, décédée le 21 août 1995, Alberto Granado, l'ami de toujours d'Ernesto Guevara, et Benigno, le disciple. Sa gratitude va également au photographe Alberto Korda et à tous ceux qu'il a rencontrés dans la Sierra Maestra et à La Havane, ainsi qu'à Una Liuctkus pour la documentation qu'il a bien voulu fournir, à Raul Roa, ambassadeur de Cuba à Paris, à Danielle Pampuzac, directrice de collection aux Éditions du Rocher, et enfin à Frédéric Brandon, artiste peintre qui coordonne une exposition itinérante sur Che Guevara à l'occasion du trentième anniversaire de sa mort.
Les Editions Gallimard remercient les Editions du Rocher, les Editions Anne-Marie Métailié et les Editions Austral.

ÉDITION ET FABRICATION

DÉCOUVERTES GALLIMARD
DIRECTION : Pierre Marchand et Elisabeth de Farcy.
GRAPHISME : Alain Gouessant. FABRICATION : Violaine Grare. PROMOTION & PRESSE : Valérie Tolstoï.
CHE GUEVARA, COMPAGNON DE LA RÉVOLUTION
EDITION : Caroline Larroche. MAQUETTE : Roberta Maranzano (Corpus couleurs) et Jacques Le Scanff (Témoignages et Documents). ICONOGRAPHIE : Savina de Lencquesaing-Lambert et Anne Soto. LECTURE-CORRECTION : Béatrice Peyret-Vignals. PHOTOGRAVURE : Mirascan. MONTAGE PAO : Palimpseste.

Table des matières